Paris

http ://www.laboiteapandore.fr

La Boîte à Pandore est sur Facebook. Venez dialoguer avec nos auteurs, visionner leurs vidéos et partager vos impressions de lecture.

ISBN : 978-2-87557-307-0 – EAN : 9782875573070

Dépôt légal : D/2017/11906/23

ALESSANDRA D'ANGELO

PROSTITUÉES ALIMENTAIRES

ÉPOUSES, MÈRES, ÉTUDIANTES

LE NOUVEAU VISAGE DE LA PROSTITUTION

« Nombre d'opinions, hier encore acceptables, voire
recommandables, sont,
D'une génération à l'autre, happées par la désuétude.
La plupart des polémiques à la mode ont déjà les relents d'une
querelle de bouffons »
(*Rien n'est sacré, tout peut se dire* - Raoul Vaneigem)

Note de l'auteur : cette photographie de notre paysage sexo-consumériste contemporain est le fruit de six années d'investigations et reportages. Pour des raisons de confidentialité évidentes, les noms de certains protagonistes rencontrés ont été modifiés.

Avant-propos

Parce que ces femmes évoluent dans un univers dont l'existence parallèle est sous-tendue par un cocktail fait d'interdits, de fantasmes et de jouissances, s'il est un métier qui suscite à la fois fascination et défiance, c'est bien celui de « prostituée ». Mais, avec une forte progression de l'inflation ces dernières années, cette indicible luxure séculaire ne peut plus se résumer, par un clivage simpliste et politiquement correct, à la traditionnelle alternative binaire qui opposerait le Vice à la Vertu.

Nietzsche affirmait que *« Le corps social sécrète de la moraline »*. Le héros, la femme honnête, la nonne et la putain, cette morale est aujourd'hui dépassée face à des comportements contemporains nouveaux, interpellant de par leur incidence socio-économique. « Vendre son corps » ne peut plus se réduire à une pure affaire de cuisses ouvertes pour satisfaire une « prise de corps » contre rémunération.

Selon l'*Insee*[1], une personne est pauvre dans l'Hexagone si son niveau de vie est inférieur à 60 % du niveau de vie médian de la population française, soit mille huit euros mensuels par individu, ce qui représente neuf millions de personnes. En Belgique, 15,5 % de la population[2] vit sous le seuil de pauvreté. Mille quatre-vingt-cinq euros par mois est le revenu moyen pour une personne isolée, en grande majorité des femmes.

1. « Les niveaux de vie en 2014 », Insee Première n° 1614, septembre 2016.

2. Annuaire de la pauvreté - 2016, commandité par le SPF Intégration sociale. Le rapport note aussi que 21,2% de la population belge (2 364 000 personnes) présente un risque de pauvreté ou d'exclusion sociale.

En filigrane, une autre réalité économique : la génération Y, soit celle née entre les années 80 et les années 2000[1], est la première génération en Occident qui vit moins bien que ses propres parents. Nouvelle forme de vulnérabilité sociale : travailler ne protège plus de la précarité ! Cordons de la bourse tenus, tout un pan de la société frôle en permanence le déclassement. Le phénomène touche tous types de profils, tous milieux sociaux confondus. Ces nouveaux pauvres se nichent partout et sont, là aussi, essentiellement des femmes.[2]

Un divorce les laissant sans le sou, un licenciement, un problème de santé, avec la stagnation du pouvoir d'achat, ces femmes, souvent mères célibataires, se retrouvent dans l'obligation, *a priori* impensée, de pratiquer le « *hard discount* » – une prostitution occasionnelle – pour joindre les deux bouts et nourrir leurs enfants. De jeunes étudiantes, en mal d'un logement décent à prix raisonnable, rentrent quant à elles dans la spirale infernale du « logement contre sexe ». D'autres enfin, les « *sugar babies* », jouant la carte de leurs atours éphémères, accompagnent de riches hommes d'affaires dans leurs dîners mondains, afin de pouvoir, entre autres choses, financer leurs études.

Un tabou sexuel aux formes kaléidoscopiques qui pousse même certaines de ces femmes, qui n'ont pas l'autonomie financière de quitter leur conjoint, à rester dans le cadre d'un mariage qui n'emporte plus grande satisfaction. Décadence affective et désappropriation de leur être, elles se retrouvent contraintes, de par une carrière personnelle mise entre parenthèses au profit du ménage et de la maternité, de fournir des services intimes à ce mari qu'elles voudraient tant voir devenir « ex », en contrepartie

1. L'origine du Y est attribuée à la phonétique anglaise « why » signifiant « pourquoi ? »

2. 41 % des femmes vivent en situation précaire contre 29 % des hommes.

de la garantie de compensations matérielles assurées, une forme de prostitution conjugale, osons la nommer !

Avec l'émergence de ces nouvelles « pauvres », le plaisir a fait place aux besoins et à ces divers modes de comblement par des comportements préprostitutionnels impactants. « Adultes consentantes » est l'argument légitimant de ceux-là même, *business men*, propriétaires et autres, qui exploitent cette détresse, brandissant une fausse philanthropie de l'entre-soi pour se donner bonne conscience. En bref, tout le monde y trouverait son compte…

Et pourtant, violence économique, violence masculine, la prostitution est rarement un acte choisi. Même « si » elle permet à une certaine catégorie de la population d'en acheter une autre à sa convenance, simplement parce que la première se trouve fragilisée. Elle donne le « pouvoir d'achat ». Zone de vulnérabilité sociale supplémentaire, la prostitution alimentaire, en particulier, est le résultat d'une rencontre inattendue entre l'adversité financière et son exploitation. Un dysfonctionnement institutionnel est en chantier.

Pauvreté ordinaire, saturation du marché de l'emploi, coût de l'employabilité, indépendantes précaires, aides sociales insuffisantes, familles monoparentales, étudiantes pauvres, mondialisation, téléphones portables, web X.0, à l'instar du marché noir pour cause de disette de la Seconde Guerre mondiale, c'est un vaste marché rose *underground* qui s'est installé. Une nouvelle forme d'esclavage moderne sur fond d'hypersexualisation des corps pour raisons marchandes. Une économie où la ration alimentaire ne se trouve plus à l'épicerie sociale, mais dans la prestation physique offerte. Un comportement éthologique lié à la nécessité de survivre et qui coûte immanquablement cher à la chair.

Dérive de la modernité et résultante infectieuse de cette malbouffe sexuelle, l'érotisme est devenu une valeur comme une autre et il a un prix. En apologie : sa dématérialisation, accélérateur de névroses. Avec Facebook, Tinder, Instagram, boostée par les nouvelles technologies et l'explosion des normes, une deuxième révolution sexuelle est en marche. L'idée qu'un sujet de désir soit mystérieux et patiemment courtisable appartient désormais à une autre époque.

Consommateur, consommable, consommant, consommé, l'économie a fait main basse sur notre sexualité, évacuant *de facto* la question de notre altérité. « *Sacrifiant notre libido sur l'autel de la flexibilité et de la précarité, il fait de la sexualité un loisir comme un autre et du sexe, une pièce détachée, formatée et optimisée à coup de coachs et de sex-toys. Le nouvel ordre sexuel est devenu un management [...] qui reprend tous les paradigmes de l'économie de marché : performance, rendement, productivité, optimisation des résultats, instrumentalisation et réification* »[1], prévenait, déjà en 2008, l'essayiste Élisabeth Weissman.

Corps-marché, le libéralisme économique, dans sa version libertaire, a phagocyté notre sexualité et, par dommage collatéral, nos émotions. Le sexe se vit de la même façon que l'on écoute une musique ou que l'on déguste un plat : en pratiquant des comparaisons arrimées à un langage fondamentalement décomplexé.

Béquille technologique, « *l'ultraspécialisation dans la rencontre virtuelle est devenue le nouveau paradigme, un communautarisme amoureux qui détruit toute logique d'ouverture spontanée à la pluralité qu'offre le hasard d'un échange dans la vie réelle* »[2]. Zapping relationnel, le cœur n'est plus qu'un muscle. Vices cachés, les relations capotent. Révolution ou misère sexuelle ? L'industrie du numérique est à tout le moins le grand gagnant de ce procédé.

---

1. « La nouvelle guerre du sexe », Élisabeth Weissman, Éditions Stock, 2008.

2. « Misère-sexuelle.com : le livre noir des sites de rencontre », Stéphane Rose, Éditions La Musardine, 2003.

« L'arène sexuelle est devenue une arène compétitive qui confère statut et capital érotique. »

(Eva Illouz)

1.

Logement contre sexe

«Arrangement possible avec propriétaire», «Chambre gratuite 10 m^2 contre menus services», «Vieil homme charmant héberge gratuitement jeune femme à l'esprit ouvert»: depuis 2011, des annonces immobilières d'un genre nouveau, suggérant un hébergement contre services rendus, ont fait leur apparition sur la Toile. Profitant honteusement de la crise du logement, certains propriétaires peu scrupuleux n'hésitent pas à proposer en ligne une colocation, un appartement gratuit ou un loyer réduit, en échange de faveurs sexuelles.

Endza est Arménienne. Seule à Bruxelles avec ses trois enfants, sa survie est son combat au quotidien. *« Cela fait trois ans que je suis sur une liste d'attente pour obtenir un logement social. Chaque matin, je me lève, j'y crois et je me bats. Mais, quand les factures à payer sont là, le courage ne suffit plus. »* Découragement, valse de sentiments mêlés, avec en point d'orgue celui d'être engagée dans une voie ne lui offrant pas d'autre issue, Endza s'est décidée, il y a un an, à répondre à une offre de logement un peu «différente». Mais dans sa galère, elle ne s'attendait pas à subir le pire de ce qui lui semblait déjà être insupportable.

Un set de photos envoyé à une adresse mail titrée d'un pseudo, la mère de famille se présente à l'adresse indiquée en retour pour visiter le fameux bien. *«J'ai dû d'abord retenir un haut-le-cœur. Les pièces que le propriétaire me faisait découvrir étaient sombres et très sales. Les rares meubles présents ne tenaient pas debout. Les murs étaient envahis de champignons et transpiraient l'humidité. Dans la cuisine, pendouillait juste un robinet tout rouillé qui fuitait ouvertement. Une auge à cochons. C'était presque insultant!*»

Visite des lieux terminée, un «*On baise et j'te passe les clés*» sera la proposition d'entrée dans les lieux faite à Endza. «*Il était petit et gros, pas très frais, et pas du tout le style d'homme qui me plaît. Et puis, je ne conçois vraiment pas de faire l'amour comme ça!*» Et pourtant, acculée par les charges qui tourbillonnent dans sa tête, la jeune femme va accepter de se donner en partage. «*Le pire, c'est qu'après être passée à la casserole, il ne m'a jamais rappelée!*» Et la mésaventure va se reproduire trois fois avant qu'Endza ne tombe sur celui qui daigne respecter sa parole. «*Il y en a même un qui m'a proposé de lui offrir la virginité de ma fille aînée. Elle n'a que 14 ans. Ça, jamais! Moi oui, mais pas elle ! J'ai d'ailleurs voulu aller dénoncer les faits!*» En vain. «*Ce n'est ni de l'abus ni du sexe forcé, il ne vous a pas non plus violée! Je considère qu'il ne s'est rien passé. Vous êtes quelque part complice*», lui répondra l'officier de police de son quartier, tout en lui refusant d'enregistrer sa déclaration.

Après moult déboires, Endza s'est enfin posée. Elle est aujourd'hui gardienne d'immeuble. Même si le premier échange virtuel avec son propriétaire actuel est éloquent quant à ses intentions, elle a passé avec succès l'«examen d'entrée» confirmant sa candidature.

— *Tu aimes le sexe?*

— *Normal…*

— *Tu sens des pieds ou pas?*

— *Euh, j'crois pas…*

— *Tu attends quoi de moi? Mis à part l'appartement. Une aide financière?*

— *Juste le logement.*

— *Ok, mais j'ai une liste d'envies…*

— *C'est un peu de la prostitution, vu comme ça, non?*

— *Je gagne bien ma vie. Si je peux t'aider!*

La caution: un premier rapport sexuel. La seule garantie pour la suite: en échange de pouvoir vivre dans une pseudo conciergerie, Endza doit satisfaire le propriétaire des lieux une à deux fois par semaine.

Paupérisation et augmentation des loyers, celles qui rentrent dans ce système sont, à l'évidence, poussées dans l'agir sexuel par l'isolement administratif dans lequel elles se trouvent confinées. La barrière linguistique et culturelle est également un vecteur. Certaines de ces femmes s'expriment très mal en français et n'ont aucune notion des leviers d'aides sociales à pouvoir activer. Plus dramatique encore, d'autres, pour la plupart des Africaines et des Kosovares, sans aucune éducation à la contraception, tombent involontairement enceintes de leur propriétaire.

Si le phénomène prend incontestablement de l'ampleur, porter plainte reste délicat pour ces victimes considérées comme ayant agi en connaissance de cause, *a fortiori* lorsqu'elles sont en situation illégale et craignent l'expulsion. Ces femmes passent alors d'une situation de précarité économique à une situation de dépendance à un homme qui, au summum de la perversité, en demande toujours plus sexuellement, menaçant de les jeter à la rue si elles ne s'exécutent pas. Autre épée de Damoclès: le besoin de changement de ces exploiteurs insatiables qui n'hésitent pas, *in fine*, à jeter le fruit de leurs désirs défendus lorsqu'ils l'estiment suffisamment «consommé», pour en changer, le temps à nouveau que durera leur caprice. Seule invariabilité, le principe du contrat de bail: «Pas de limites physiques, à durée déterminée».

« J'ai toujours mis un point d'honneur
d'attendre d'avoir faim pour manger.
L'élégance, c'est ça : manger quand on a faim,
boire quand on a soif.
Et baiser quand on bande. »

(Frédéric Beigbeder)

2.

Avec toi pour un toit

Cela ressemble à une légende urbaine et pourtant, se prostituer est tout ce que Yolande, comptable de formation, aujourd'hui sans domicile fixe, a momentanément trouvé pour survivre. Elle végète, depuis deux ans, dans les replis de la gare du Nord, à Bruxelles.

« Basculer arrive plus vite que vous ne le pensez. Jamais je n'aurais imaginé vivre un jour sous les ponts. Ma descente aux enfers a débuté lorsque j'avais 38 ans. Après un grave accident de travail, je me suis retrouvée en incapacité d'exercer. Mon mari buvait et me frappait. J'ai donc fui le domicile conjugal. Mais, rapidement, mon allocation d'invalidité n'a plus suffi à couvrir mes frais. Avec six cent cinquante euros par mois, je n'ai plus su payer mes loyers. Et, de fil en aiguille, surendettement, huissiers, avis d'expulsion, je me suis retrouvée à la rue. La déchéance totale, enfin, je pensais. »

Être une femme SDF est très difficile. Yolande va vite le comprendre. Elle ne peut pas rester seule si elle veut assurer sa sécurité. *« Je ne pouvais pas traîner indéfiniment, j'allais me faire agresser. L'instinct de survie se met alors en route. J'ai donc sympathisé avec d'autres sans-abri. Essentiellement des hommes, simplement parce qu'il y a plus d'hommes que de femmes dans l'errance. Au début, ils me protégeaient effectivement, ils étaient aux petits soins avec moi. Mais ils ne m'ont pas protégée d'eux-mêmes bien longtemps. J'avais beau dire «Ça ne m'intéresse pas», «Ne me touche pas», j'ai rapidement été violée et à plusieurs reprises. Il faut savoir que dans la rue, toutes les SDF se font violer, sans exception ! Si l'appel de l'alcool est le plus fort, certains vous fichent la paix contre quelques euros pour aller acheter leur litron. Mais, il y en a toujours l'un ou l'autre qui voudra vous passer sur le corps.* » Yolande va alors accepter la dépossession de soi. Elle est, à tout moment, une proie potentielle. « *Cheveux très courts, une casquette, deux gros pulls et un pantalon de treillis kaki, je fais tout pour atténuer mon aspect féminin et passer inaperçue. La répugnance est aussi ma cartouche : odeurs, saleté, tout est bon pour rebuter leurs pulsions et repousser les assauts.* » Et pourtant, tous les jours, à la tombée de la nuit, les angoisses montent. « *Il y a très peu de lieux d'hébergement et même là, si ce sont des dortoirs mixtes, la sécurité n'est pas garantie à 100 %.* »

Une énième agression va finalement pousser la jeune femme à faire d'autres choix. « *Il était 4 heures du matin. Je n'avais pas encore réussi à trouver un coin tranquille pour me reposer quelques heures. Deux jeunes toxicos sont arrivés. Ils m'ont pris mon sac et m'ont forcée à les suivre si je voulais le récupérer. Ils m'ont poussée sous le porche d'un restaurant fermé. L'un d'eux a sorti un couteau. Il voulait un rapport sexuel. La rue était déserte. Crier ou me débattre n'aurait servi à rien. Je me suis laissée faire… Et j'ai récupéré mes affaires. À partir de ce jour-là, je me suis dit que si les règles du jeu étaient celles-là, je ne serais plus le pion. Je voulais maîtriser la partie. Quitte à devoir y passer, autant choisir avec qui et pour un toit. Aujourd'hui, lorsque j'en ai assez de dormir dans la rue, surtout l'hiver, j'accepte de rendre des services sexuels à des vieux qui m'hébergent pour quelques jours, le temps de les divertir. Comme ils me disent : «Je fais la pute, je ferme ma gueule et je suis moins cher qu'une pute». Cela me choque profondément, mais quand on n'a pas le choix, on accepte très vite d'être humiliée et de s'humilier soi-même.* »

Ces mains inconnues qui vous touchent, l'impression d'être un bout de viande, l'envie de vomir ne quittent jamais Yolande. *« Les nerfs sont à fleur de peau, les ressentis à vif. En attendant, je peux me laver, je suis dans un vrai lit et quand j'ai un peu de chance, je repars avec un billet de vingt euros. Je ne sais pas de quoi demain sera fait. J'ai juste acquis une certitude : la frontière est très mince entre les murs de votre toit et les pavés du trottoir... »*

« Gagner un toit gratuit pour un an » est le prix d'un concours de beauté *outsider* destiné aux sans-abri, organisé depuis 2010 par Mathilde Pelsers, infirmière sociale de formation. Scandale ou provocation salutaire, Miss SDF suscite, depuis son lancement, une vive polémique. *Star Ac'* de la misère humaine, initiative marketing déplacée, exploitation voyeuriste de femmes vulnérables, nombreux sont ceux qui s'indignent. Sélectionner les plus démunis pour les faire défiler sur un podium relève du plus mauvais goût. Critiques balayées d'un revers de la main, une réalité s'affiche néanmoins évidente pour l'organisatrice de l'événement et Marie-Thérèse Van Belle (65 ans), sortie de la rue depuis six ans et élue Miss SDF 2010 : *« Un tel concours ne devrait effectivement pas exister, mais il est symboliquement aveu d'échec de notre système de protection sociale, qui plus est pour les femmes. »*

Phénomène inquiétant : depuis 2010, la proportion des femmes dans la rue est en augmentation constante. En France, elles représentent 40 % du total des sans domicile fixe[1]. Selon une enquête portant sur l'aide aux personnes sans-abri[2], parmi les personnes sans « chez soi », 7 % sont des femmes, 20 % sont divorcées et 55 % ont moins de 30 ans. Facteur aggravant : même si

1. Selon l'Insee (2012), parmi les sans domicile, 48 % sont des femmes parmi les 18-29 ans et 31 % parmi les plus de 50 ans.

2. Enquête portant sur l'aide des CPAS aux personnes sans abri effectuée par le centre OASeS de l'Université d'Anvers et l'Institut des Sciences Humaines et Sociales de l'Université de Liège (2010).

elles tentent de fréquenter des lieux sûrs comme les bibliothèques, les centres commerciaux ou les parcs publics, leur quotidien est bien plus précaire que celui des hommes. Et si, lorsqu'elles font la manche, elles suscitent plus souvent l'empathie[1], ce premier contact, sous le couvert de l'humain, est très souvent entrée en matière pour se voir proposer un rapport sexuel. Effet domino, faute de couverture contraceptive, le taux de grossesse est aussi en augmentation[2]. Certaines sans-abri y voient un moyen potentiel pour contourner les difficultés d'accueil. Lorsqu'une femme est enceinte, elle est prioritaire…

1. Les femmes SDF gagnent, en moyenne, trois fois plus d'argent par jour que les hommes.

2. Le nombre de grossesse, en 2016, a progressé de 13 % pour s'établir à 17 grossesses, soit près d'une et demi par mois.

« Un SDF, tu l'assignes à résidence, il est content le mec ! »

(Jean-Marie Gourio)

3.

Mes « chair » études

Le constat fait désormais l'unanimité, la précarisation des étudiant(e)s universitaires est en marche. En 2014, 68 % d'entre eux déclaraient devoir travailler toute l'année pour s'autofinancer. « *Nos enfants apprennent le sens du travail et se préparent à la vie active* », répondent certains doctorants en Sciences de l'Éducation. Certes, mais lorsque le tribut à payer pour obtenir le diplôme tant convoité est corporel, où est la leçon ?

En 2010, « Mes chères études », un téléfilm français signé Emmanuelle Bercot, et adapté du livre éponyme et autobiographique, portera le fléau de la prostitution estudiantine à l'écran. Synopsis : Laura D. est étudiante en première année à l'université. Elle est issue d'un milieu modeste, mais n'a pas droit à une bourse universitaire. Sa famille n'arrive pas à joindre les deux bouts, ce qui finit par hypothéquer sérieusement la poursuite de sa formation. Alors qu'elle cumule les petits boulots difficiles et mal payés, s'épuisant chaque jour un peu plus, ce qui la met en difficulté sur les bancs de la fac, la jeune fille va découvrir un site Internet proposant des rencontres un peu particulières contre bonne rémunération. Piquée par la curiosité, elle répond à une offre d'un homme qui cherche une masseuse. En quelques clics, elle met le doigt dans l'engrenage de la relation sexuelle tarifée et s'enferme dans son secret, un tableau malsain fait de soustractions de factures à régler à chaque client assuré.

C'est en deuxième année d'études d'infirmière que Tania (21 ans) s'est décidée, il y a deux ans, à poster une offre coquine sur Internet. « *On était à la fin de l'année scolaire. J'étais paumée, sans le sou. C'est la seule solution rapide que j'ai trouvée pour tenir l'été et engranger suffisamment d'argent pour la rentrée académique suivante. L'homme qui m'a proposé de passer la nuit avec lui m'a fait comprendre qu'il y avait une jolie somme à la clef. Je n'ai pas hésité. On s'est d'abord rencontrés dans un café. Il m'a semblé correct. C'est un riche entrepreneur, marié, trois enfants et sa femme n'a plus envie de sexe. On s'est vus plusieurs fois durant les mois de juillet et août. À 125 euros la prestation, j'ai vite pu mettre suffisamment de côté. Pour le reste, j'ai essayé de ne pas me poser trop de questions sur la portée de mes actes. Je n'ai jamais eu une vision misérabiliste de la prostitution. Cela évite de flancher. Je l'ai fait, parce que j'ai dû le faire. C'est tout.* »

À faire ses premiers pas dans cet univers, Chloé (23 ans), plus candide, n'en garde pas le même souvenir que Tania. « *Je viens d'un tout petit village près de Calais et les grandes villes, je ne connaissais pas. Je suis d'abord partie étudier sur Paris. Mais, mon école de commerce me coûtait quatre mille huit cents euros par an et mon loyer était de six cent soixante-dix euros par mois. J'ai donc pensé à la Belgique. C'est un peu fou, j'avais très peu d'économies devant moi. En arrivant sur Bruxelles, une vague connaissance m'a hébergée le temps que je trouve un logement. Mais, dès les premières recherches, je me suis vite rendu compte, aux prix affichés, que ce serait mission impossible. J'ai donc pensé à une formule d'échange et j'ai posté une petite annonce sur plusieurs sites Internet : «Jeune fille cherche hébergement gratuit contre services». Dans ma grande naïveté, j'espérais trouver un job de nounou, assurer le suivi scolaire d'enfants ou tenir une maison.* » Chloé va rapidement recevoir beaucoup de réponses. Et pour cause ! « *C'était essentiellement des hommes et ils m'ont tous clairement fait comprendre qu'ils voulaient de l'intime. Mettant cela sur le compte d'une méprise, j'ai alors reposté une seconde offre, précisant même que je pouvais être dog-sitter et promener des chiens. Vingt-quatre heures plus tard, je recevais des propositions identiques en retour, certaines encore plus franches, faisant même allusion aux compagnons à quatre pattes et aux postures que cela leur inspirait!»*

Décontenancée, Chloé ne va pourtant pas réfléchir longtemps. «*J'étais vraiment aux abois. J'ai pris mon courage à deux mains et je me suis rendue au premier rendez-vous fixé. Un appartement très chic. Aucune raison de me méfier. Eh bien, je me suis fait avoir comme une bleue. J'ai couché avec ce gars, très vicieux d'ailleurs, pour «valider» les termes de notre accord. Mais, quand nous avons eu «terminé», il m'a platement annoncé que nous étions, en fait, chez un de ses potes, qu'il lui avait demandé les clefs pour l'occasion et qu'il s'était très bien amusé ! Lorsque je me suis retrouvée dehors, un «merci» humiliant résonnant encore à mon oreille, je me souviens être restée longtemps figée, à regarder les gens passer, sans bouger. Je me sentais comme dissociée de mon corps, tellement moche, dégradée… Trahie. En état de choc.* »

Anéantie, si Chloé a du mal à accuser le coup, elle n'a toujours pas de point de chute. Bon gré, mal gré, quelques jours plus tard, elle va se remettre devant son ordinateur. Pas de message cette fois. D'abord, discuter et prendre la température. «*J'ai rapidement commencé à dialoguer avec un type qui me proposait ouvertement une colocation contre du sexe, toujours dans le quartier universitaire. Au moins, cette fois, c'était clair! On s'est téléphoné. Il était poli et respectueux. Cela m'a rassurée et on a fini par «conclure». C'est un homme d'affaires qui voyage beaucoup. Il n'a ni le temps ni l'envie de s'investir dans une relation et m'avoir sous la main lui suffit. Pour le reste, il n'est vraiment pas envahissant et fort heureusement, il n'est pas souvent là, ce qui me convient très bien. Depuis peu, j'ai un copain. Il ne sait strictement rien sur la nature de mes relations avec mon coloc. J'essaie, pour l'instant, de préserver cet équilibre. Je navigue entre double vie et repas de famille. Je voudrais juste que mes parents ne sachent jamais. Mon père en mourrait.* »

Les difficultés financières et la prostitution étudiante qui en découle sont une réalité sociologique en Europe[1]. Sans surprise, selon l'*UNEF* (l'Union Nationale des Étudiants de France)[2], il faut disposer de 1193 euros par mois pour étudier sur Paris. C'est plus que le SMIC qui s'établit à 1149 euros. Les jeunes femmes qui passent à l'acte seraient de l'ordre de quarante mille en France et de l'ordre de six mille en Belgique. Logement, frais universitaires, une année d'études coûte, en moyenne, entre dix mille et douze mille euros. À ces conditions, les revenus de certaines familles ne permettent plus aujourd'hui d'assumer un enfant, voire plusieurs, en écoles supérieures.

Le décrochage scolaire est un dommage collatéral de cette réalité prostitutionnelle. Si ces étudiantes pensent, en effet, avoir la faculté de se dédoubler et de gérer une parenthèse, il leur est parfois difficile de tourner la page. Pour Léa (26 ans), le parcours professionnel a définitivement pris un chemin différent. Deux cent euros de l'heure et jusqu'à mille deux cents euros la nuit, elle a vite compris qu'elle ne gagnerait jamais autant d'argent avec son diplôme d'assistante sociale en poche. Elle n'a pas voulu renoncer à ce confort et a donc choisi d'arrêter ses études pour rester dans le circuit. « *Quand je sors avec des hommes d'affaires, un chauffeur vient me chercher, je vais au resto, je suis bien habillée. Cette qualité de vie appelle toujours plus d'argent. C'est sans doute*

---

1. Selon les chiffres du SPF Intégration sociale, en 2016, 14 867 étudiants ont bénéficié du revenu d'intégration sociale (RIS). Ce qui représente plus du double par rapport à 2006.

2. www.unef.fr

devenu une addiction, je n'en sais rien. Arrêter de faire ce que je fais aujourd'hui me semble, en tout cas, aussi difficile qu'un accro aux jeux qui s'interdirait de rentrer au casino. Mais, avec une différence de taille, dans ce que je fais, je rafle à chaque fois la mise sur le tapis. Je suis devenue ma propre proxénète. »

Ce proxénétisme déguisé ne semble toutefois pas plaire aux autorités. En septembre 2017, une campagne publicitaire aux abords des sites universitaires, la première du genre, fera grand bruit en Belgique. Des camions customisés *« Rich Meet Beautiful »* proposent aux étudiantes de « sortir avec un *suggard daddy* pour améliorer leur style de vie ».

Alors que les citoyens crient au scandale, la presse s'emballe. Mis sous pression, Sigurd Vedal, le CEO du site de rencontres controversé, stoppe son action. Du côté du parquet, une enquête est ouverte pour déterminer si la campagne promotionnelle est constitutive d'une infraction pénale, soit : « incitation à la débauche d'une personne majeure dans un lieu public ». Une plainte est également déposée au Jury d'Éthique Publicitaire.

Paradoxalement, l'affaire sera un bon coup de buzz pour la plateforme qui recueillera plus de 150 000 inscriptions en quelques jours…

« Je vous parie cent balles que je peux m'arrêter de parier quand je veux. »

(Régis Hauser)

4.

«Sugar Baby, I'm !»

Avoir une relation avec un homme d'âge mûr ne leur pose aucun problème. Bébés sucrés en mode princesse, elles entrevoient se profiler les roues du carrosse. Elles «*work hard for the money*»[1], aveuglées par des enluminures tirées tout droit des contes de fées. C'est oublier que parfois aux douze coups de minuit, le désenchantement peut aussi être citrouille et les séquelles, au rendez-vous. Les princes ne s'appellent plus Rhett Butler[2], mais *hashtag MaxiManX*. Nihilisme amer, le vent peut tout autant emporter les rêves de ces Scarlett O'Hara en herbe.

Étudiante en médecine, Lola (22 ans) s'est lancée dans le «*Sugar Dating*» il y a un an. Après avoir fait son shopping, elle s'est inscrite sur *suggardaddy.fr*. «*J'ai rencontré une quinzaine d'hommes et puis j'ai décidé de voir régulièrement le même "daddy". Globalement, je m'y retrouve plutôt bien, dans la mesure où il m'assure un niveau de vie que je n'aurais pas pu m'offrir seule. Je viens pourtant d'un milieu très aisé, mais mon père a subi un gros revers de fortune dans ses affaires. Son entreprise est tombée en faillite et j'ai compris qu'il lui était très compliqué de continuer à me financer. J'avoue que mon*

1. «She works hard for the money», Donna Summer, 1983.

2. «Autant en emporte le vent» (Gone with the Wind) est un film américain de Victor Fleming réalisé en 1939, adapté du roman éponyme de Margaret Mitchell paru en 1936. Avec pour acteurs principaux Clark Gable et Vivien Leigh, le film raconte l'histoire de la jeune Scarlett O'Hara et du cynique Rhett Butler sur fond de la guerre de Sécession.

attirance naturelle depuis toujours pour les hommes plus âgés m'a aidée à me lancer. Je considère cela comme une opportunité. Je n'en fais pas un cas de conscience et je dors tranquille. Je rencontre des gens intéressants, j'ai accès à un milieu prestigieux qui peut m'ouvrir des portes et je pense que je suis, en plus, de bonne compagnie. »

Après ses cours, Estelle (20 ans) change aussi de peau et tombe le jeans pour enfiler corsage plongeant, mini-jupe et talons hauts. « *C'est de l'argent rapidement gagné ! Et puis, vous ne finissez pas toujours par coucher. J'accompagne les hommes qui me sortent où ils le souhaitent et je suis au garde-à-vous. Cocktails, événements mondains, je dois faire la plante et sourire. Enfin, pas que ! Un peu de conversation, c'est bien aussi. Et quand on connaît plusieurs langues, c'est un plus. En fait, je suis leur faire-valoir, une sorte de trophée et en même temps, une espèce de psy-copine. Leur boulot, leurs problèmes, leur femme, leurs ex, leurs maîtresses, j'écoute, j'encaisse et ils paient.* »

L'ubérisation s'attaque aussi au plus vieux métier du monde. Lola et Estelle sont des « *sugar babies* », une métaphore acidulée pour désigner une friandise qui a un prix. Ce phénomène de réseautage un peu particulier est né aux États-Unis. Au pays de l'Oncle Sam, il permet aux étudiantes d'éviter de s'endetter sur vingt ans dans le remboursement d'un crédit ayant servi à financer leurs études.

Le concept s'est installé en France et en Belgique en 2010. Sur le modèle américain, certains sites se sont spécialisés dans le partage de profils à des fins de « *baby sugar love stories* ». Pas question de tendances pâtisseries, mais plutôt de contrat. D'un côté des jeunes filles majeures, de l'autre des hommes ayant entre 40 et 65 ans, les « *sugar daddies* ». L'objet du marché est simple : faciliter la prise de contact entre jeunes étudiantes et hommes fortunés en recherche de compagnie et désireux de les « soutenir » en retour.

Lors de l'inscription, les hommes doivent indiquer leurs revenus mensuels, ainsi que leur patrimoine, mais aussi ce qu'ils attendent de leur «*sugar baby*». Virées, dîners chics, voyages exotiques, les contreparties sont très variées et se négocient individuellement. Le principe fonctionne à l'identique dans l'autre sens, même si dans une moindre mesure: des «*sugar mummies*» se portent candidates pour «sponsoriser» de jeunes «*toy boys*».

Les gestionnaires de ces vitrines virtuelles se défendent officiellement de faire de la prostitution. Ils parlent d'arrangements et le rapport sexuel ne serait pas obligatoire. Des mots mielleux pour masquer une réalité moins glorieuse. Malgré les conditions d'inscription cousues de fil blanc de ces espaces de rencontres d'un genre nouveau, les relations engrangées ne sont pas toujours à l'eau de rose et les maharadjahs espérés s'avèrent parfois plus démons qu'altesses.

Marie (24 ans), inscrite sur *SeekingArrangement*[1], avoue avoir couché avec beaucoup de «papas-gâteaux», pour la plupart des hommes mariés. Elle a reçu d'innombrables cadeaux, mais elle a aussi dû répondre à des attentes traumatisantes qui ne lui convenaient pas. *«Je n'ai pas de problème à utiliser mon corps pour survivre. En plus, j'aime le sexe et je l'assume. Il n'y a pas de mal. Mais, le dernier "daddy" que j'ai rencontré m'a vraiment fait basculer sournoisement dans l'enfer. Il a subrepticement gagné du terrain par rapport aux limites que je m'étais fixées. Les besoins sexuels en escalade de cet homme, un avocat, sont rapidement devenus des sujets de disputes récurrentes. En même temps, c'est très déstabilisant. Il y a tous les présents, l'idée de «bénéfices mutuels» en filigrane. C'est difficile de faire la part des choses quand on rentre dans cette mécanique.*

---

1. *SeekingArrangement* est un site américain développé en plusieurs versions linguistiques. Il compte près de 2,7 millions de membres dans le monde, en majorité des *sugar babies* (45 000 Françaises, 15 000 Belges et 225 000 Anglaises). Les *toy boys* représentent un tiers de l'offre féminine.

Et, lorsque je me suis rendu compte qu'il égratignait mon intégrité, que je ne m'estimais plus, j'étais déjà allée très loin, trop… Il m'a fait faire des choses à trois, avec un autre homme, avec une autre femme aussi. Il m'a demandé de participer à des parties fines libertines et j'ai dû assumer ses fantasmes sadomasochistes. Je garde vraiment un souvenir très douloureux de ces expériences. Baby Doll-objet, on n'est pas prête à 20 ans. On a une autre vision de l'amour et de la sexualité par rapport au vécu d'un homme de 50. Ces types nous volent notre jeunesse et nos idéaux. Et cette réalité, il n'y a personne qui vous en informe. On la découvre en immersion. J'ai souffert d'un manque d'argent, aujourd'hui j'ai mal à ma dignité. Je nourris un sentiment noir majeur : celui de ne plus pouvoir un jour aimer… »

« Vous êtes vêtu comme à chaque fois que
nous nous sommes rencontrés.
Comme un poète romantique.
Mais je sais désormais que vous n'en êtes pas un. »

(Héloïse Cerboneschi)

5.

Modèle fétichiste

Recherche modèle féminin pour vidéo fétichiste de pieds[1]

Publiée par Casting.pieds le 25/01/2017

Vidéaste amateur de 39 ans, je cherche des modèles féminins, entre 18 et 35 ans, de corpulence mince ou sportive pour tourner dans des vidéos fétichistes des pieds. Il n'y a aucune nudité ni acte sexuel. La prestation est rémunérée. Anonymat garanti.

Re

Publié par Premiers pas le 26/01/2017

Bonjour à tous,

Voilà je dois avouer ne pas avoir l'habitude des forums. Je ne sais pas trop ce que je suis supposée dire ou non. Je m'appelle Vénus, j'ai 24 ans. Je suis étudiante et je cherche à arrondir un peu mes fins de mois. Il me faut de la thune. Mais ça ne fait pas de moi une femme vénale. D'ailleurs, pour le moment, je ne sais même pas exactement si je suis prête à « louer » mes pieds. Je découvre

1. Le fétichisme du pied est une paraphilie caractérisée par un désir et une excitation sexuelle pour les pieds (habituellement féminins) à l'exclusion de tout le reste. Plusieurs éléments tels que l'odorat, le toucher et la vue du pied peuvent provoquer l'excitation. Cependant, comme pour tout type de fétichisme sexuel, il peut négativement influencer la vie quotidienne de l'individu concerné. Dans ce cas, des traitements comportementaux ou médicamenteux s'avèrent nécessaires pour réduire ou effacer l'impact négatif.

juste un univers que j'ignorais complètement et j'y prends beaucoup de plaisir. Je suis très curieuse, inexpérimentée et je suis là pour apprendre. À bientôt.

Re

Publié par Feetlecheur75 le 26/01/2017

Bienvenue à toi. Cela fait toujours plaisir d'avoir un fruit de plus à l'arbre de mes fantasmes. Je suis fétichiste depuis tout petit et j'ai longtemps essayé de comprendre ce qui a pu déclencher en moi cette passion. Je n'ai jamais vraiment trouvé quand ni comment cela a démarré. Je me souviens pourtant de certains flashs, un peu cheloue, du style : j'imaginais ma tante éplucher une banane avec ses pieds.

Re

Publié par Vestale le 27/01/2017

J'ai découvert le fétichisme par l'intermédiaire de mon ex. Au début, j'étais assez fermée. Je n'étais pas à l'aise à l'idée que mes pieds ne soient pas forcément propres et puis progressivement il s'est mis à me les lécher, à me les nettoyer, à les masser régulièrement. Il embrassait également mes chaussures. Je prenais tout cela à la rigolade, mais progressivement lui mettre mes pieds sur la figure, le laisser me sucer les orteils à commencer à m'exciter. Dans le bain, j'ai aussi fait quelques tentatives de footjob[1], mais qu'à moitié réussi. Et puis, il m'a demandé de lui marcher dessus. Il avait une obsession sur le piétinement. Je le laissais également me vernir les ongles ou me respirer les pieds pendant mon sommeil.

---

1. Le *footjob* (littéralement « travail du pied ») désigne une pratique sexuelle effectuée avec les pieds frottés sur un partenaire consentant dans le but d'obtenir une excitation sexuelle ou un orgasme. Cette pratique est considérée comme partie intégrante du fétichisme du pied. Le *footjob* est habituellement pratiqué sur les hommes lorsque leur partenaire frotte ou caresse leur pénis avec leurs pieds ou leurs doigts de pied. Le *footjob* peut également désigner la même pratique chez les femmes mais sur les seins ou le vagin.

Re

Publié par Mikawo le 27/01/2017

Bonjour « Premier pas ». Ne sois pas inquiète. Pour arrondir leurs fins de mois, certaines bossent chez McDonald ou à Disneyland Paris. Tu verras que le job de modèle pour fétichistes de pieds est bien plus drôle et mieux payé que de faire le Mickey! Pour moi, cela a commencé il y a deux ans. Avec une bourse étudiante, je ramais à fond et passais mes week-ends à ruminer dans mon appartement vide, en m'enfilant des boîtes de conserve douteuses. Et le truc est tombé un peu par hasard. J'étais au cinéma. Je n'arrêtais pas d'enlever et de remettre mes ballerines. C'est un tic. Un type, installé au bout de ma rangée, m'a repérée. C'était un producteur. Il m'a dit que mes pieds avaient du potentiel. J'ai d'abord ri. Mais il ne blaguait pas. J'ai donc fini par me retrouver dans une chambre, exposée sous des éclairages professionnels, avec un réalisateur qui m'expliquait les tenants et les aboutissants du fétichisme des pieds. Ton visage n'apparaîtra jamais sur les vidéos. Les mecs kiffent vraiment que sur les pieds. C'est simple. Tu parles à la caméra à la première personne. Tu lui ordonnes de lécher/sucer/renifler tes pieds et tu les colles directement sur l'objectif. Une séquence est tournée en une heure et tu te fais entre cent et cent cinquante euros. Franchement, pour montrer tes pieds et déblatérer quelques mots salaces, ça le fait! Et ton frigo est rempli! By the way, « Casting.pieds », je suis preneuse pour un essai. Je te file mon contact en message privé.

Effet de mode réactualisé par des Quentin Tarantino et Andy Waroll, pour les fétichistes « *New Age* », se rencontrer, c'est incontestablement le pied! Anecdote peu connue : Elvis Presley exigeait de voir les pieds de ses prétendantes, avant d'entamer une éventuelle romance. Talon, voûte plantaire, éprouver un trouble devant un pied nu remonte pourtant déjà au XVIIIe siècle, époque où la cheville était très peu montrée en public. Nombril, seins, fesses, le fétichisme a, depuis, élargi son spectre corporel. Gants, collants, bottes, il peut aussi se focaliser sur des objets, ce qui n'a pas échappé à certaines tentatrices.

Partant du principe que le « noir » ne se démode jamais, en 2013, la série télévisée américaine « *Orange is the new black* »[1] fera augmenter les ventes d'un commerce un peu particulier. Histoire de se faire un peu d'argent de poche, Piper Chapman, l'héroïne de la série incarcérée à la prison de Lichtfield, revend sur le Net les sous-vêtements sales de ses codétenues. Une pratique qui existe réellement hors scénario.

Connue sous le nom de « *Burusera* », la commercialisation de petites culottes usagées de lycéennes est née au Japon, dans les années 90, lorsque sont apparus les premiers distributeurs automatiques de sous-vêtements. Les culottes portées sont aujourd'hui vendues entre vingt-cinq et trois cents euros, une activité très rentable qui permet à des centaines d'étudiantes en difficulté de mettre du beurre dans leurs épinards.

« T'es en galère et t'as pas encore vendu ta petite culotte, nan, mais allô quoi! » Si le concept n'a pas généré beaucoup de fans aux States, la parodie X de Nabila attise les curiosités en Europe. Depuis 2011, « *Vends-ta-culotte.com* », le leader français du marché dédié au fétichisme en ligne, en a fait son cheval de bataille, mais pas seulement. Outre des strings sales, les acheteurs peuvent également se procurer des pantys portés, des tampons usagés, du papier de toilette utilisé, des fioles d'urine et « autres

---

1. « Orange Is the New Black » ou « L'orange lui va si bien » est une série télévisée américaine créée par Jenji Kohan et diffusée depuis le 11 juillet 2013 sur Netflix.

spécialités intimes pour amateurs», comme l'annonce le slogan d'entrée sur le site dont le design est inspiré du monde de Barbie. Et contrairement aux idées reçues, les acheteurs ne sont pas que de « vieux pervers » : 70 % d'entre eux ont entre 18 et 40 ans et un tiers sont en couple.

Côté vendeuses, elles assument et signent leurs ventes : « *Tu recevras avec ton envoi postal deux photos, l'une faite durant le port de mon dessous et l'autre durant la préparation. Mes petites culottes arrivent toujours bien souillées chez mes coquins. Tu auras aussi un petit mot habillé du rouge de mes lèvres* ».

Ceará Lynch (« Humiliatrix »), égérie du genre, cyberdominatrice, est déjà millionnaire à 30 ans. Tout a commencé lorsque des hommes lui ont demandé d'être humiliés verbalement par webcam interposée. À cent dollars la séance, en quelques semaines son activité s'est envolée. Forte de cette « réussite », elle s'est mise à vendre ses excréments pour quatre mille dollars, son urine pour deux cent cinquante dollars et ses cheveux pour cent cinquante dollars la mèche. Sur son blog, on peut lire : « *Je vends toutes sortes de trucs dégoûtants qui sortent de mon corps et je donne même des coups de pied dans ton entrejambe à domicile. Torture garantie !* »

Rien de bien poétique mais un business juteux. Bienvenue dans la grande foire du trash !

6.

Hébergeurs proxénètes ?

Étudiantes consentantes ou travailleuses du sexe revendiquées, régulièrement au cœur des débats politiques sans faire véritablement l'objet d'un consensus, au-delà des questions d'ordre moral, il est actuellement très compliqué de poursuivre ces offres virtuelles issues de l'utilisation des nouvelles technologies.

À l'inverse de la France où la pénalisation des clients des prostituées est entrée en vigueur en avril 2016[1], en Belgique, la prostitution n'est pas une infraction. Seuls le proxénétisme, c'est-à-dire les revenus tirés de la prostitution d'autrui, et le racolage sont interdits. Ainsi, une jeune femme ne pourra pas être poursuivie pour l'acte posé, mais bien pour les moyens utilisés pour « appâter » son client.

Sur le Web, à la lumière de la jurisprudence actuelle récente, la simple description de services de nature privée, faite par des personnes majeures, sans clairement en expliciter la teneur ni inciter à des relations tarifées, ne constitue donc pas du racolage. Il en va de même pour les sites Internet qui présentent ces annonces. « *Notez que cette section est réservée aux services d'accompagnement et de massage. Les annonces au contenu sexuellement explicite, ambigu ou comprenant un tarif ne seront pas publiées et ne donneront pas lieu à un remboursement* ». Même si la plupart des plateformes en

1. Depuis 2016, l'achat d'acte sexuel sera sanctionné par une amende de 1500 euros, portée à 3750 euros en cas de récidive.

ligne mentionnent dans leurs conditions générales interdire les propositions prostitutionnelles, la barrière invisible et symbolique est toutefois facile à franchir. Des milliers d'offres déguisées passent ainsi le filtre et sont postées avec habileté par des annonceurs drillés à déjouer les contrôles des modérateurs.

Dans ce registre, Veerle (19 ans) est devenue une véritable championne. «*J'ai cinq cent cinquante euros par mois pour vivre, je ne peux compter sur personne. Et avec mes études à gérer, je n'ai pas le temps d'aller faire du baby-sitting plusieurs soirs par semaine à dix euros de l'heure. J'ai beaucoup réfléchi, j'ai même failli... Mais non, je n'avais pas non plus envie de me retrouver à tapiner dans les quartiers chauds d'Anvers ou à la Villa Tinto* [1]. *Alors, quand le ventre est vide, on réagit vite et bien. Après m'être quelque peu renseignée, je me suis mise sur vivastreet.be*[2]. *J'ai rapidement parcouru plusieurs pages pour voir comment les autres filles se présentaient et je me suis rendu compte que c'était hyper simple en fait de tromper le screening des logiciels à la recherche de mots-clés à connotation sexuelle. «Moment agréable», «Chez moi ou chez toi», «Je reçois samedi soir»... Tout est dit, sans être dit. Je me suis donc inventée un pseudo, j'ai sélectionné la région du Brabant flamand et j'ai écrit: «Sans lendemain, je suis dispo à 15 minutes de chez toi». Le jour même, j'avais plus de vingt messages de profils masculins. J'ai trié. Puis, je suis passée en communication WhatsApp avec certains, avant de les rencontrer. C'est parti comme ça. Je ne donne pas suite à toutes les discussions. Mais, selon la cadence, si je conclus une à deux fois par semaine, je me fais en moyenne neuf cents euros par*

1. La Villa Tinto est un bar à hôtesses situé dans le quartier rouge d'Anvers, entre la Verversrui et la Schipperstraat. Cette ancienne maison de commerce a été transformée en Eros Center.

2. *Vivastreet* est un site Internet de petites annonces créé en 2004 en France par Yannick Pons. Il est aujourd'hui édité dans 13 pays dont la France, l'Italie, l'Angleterre, la Belgique, l'Inde, le Brésil, l'Argentine et le Chili.

mois. Pour l'anecdote, un directeur informatique m'a même proposé de me donner un fixe de mille deux cents euros par mois pour n'être rien qu'à lui, mais j'ai refusé. Je ne veux pas de plan installé. »

L'imperceptibilité de cette prostitution, camouflée par un maquillage sémantique, ne rapporte pas qu'à Veerle. Elle est également une manne très lucrative pour *Vivastreet*. Premium, couleurs, surlignage, en fonction de la mise en avant souhaitée, les annonces publiées dans la partie « adulte » payante du site généreraient plusieurs millions d'euros par an de bénéfices. Officiellement, rien ne s'y passe d'illégal, bien sûr, dans cet espace considéré, en outre, comme moins exposé aux interventions policières.

Encadrer ces activités numériques libertines est encore plus compliqué lorsque la plateforme de services en ligne est créée dans un pays étranger, dans la mesure où c'est la législation dudit pays qui s'applique. En Europe, beaucoup de fournisseurs de contenus adultes se retrouvent ainsi hébergés en Suisse ou aux Pays-Bas, ces pays ayant des législations beaucoup plus permissives. En France[1], comme en Belgique[2], la loi prévoit une responsabilité allégée. L'hébergeur n'est pas responsable des informations stockées à la demande d'un fournisseur de services s'il n'a pas une connaissance effective de l'activité ou de l'information illicite. Il n'a pas non plus une obligation générale de surveillance.

---

1. La loi du 1er août 2000 précise que les prestataires d'hébergement, qu'ils agissent à titre gratuit ou onéreux, ne sont pénalement responsables ou civilement responsables du fait du contenu des services qu'ils hébergent que si ayant été saisis par une autorité judiciaire, ils n'ont pas agi promptement pour empêcher l'accès à ce contenu (art. 43-8 de la loi n°86-1067 du 30 septembre 1986 modifiée par la loi n°2000-719 du 1/08/2000)

2. Le régime de la responsabilité des prestataires intermédiaires dans la société de l'information a été mis en place en Belgique par la loi du 11 mars 2003 relative à certains aspects juridiques des services de la société de l'information.

Par contre, dès le moment où il a de telles connaissances, il doit en aviser sur-le-champ les autorités compétentes qui prendront toutes les mesures et devoirs qui s'imposent[1].

Le 15 février 2017, le parquet de Paris a ouvert une enquête pour « proxénétisme aggravé » à l'encontre de la version française de *Vivastreet*. Le même site Internet avait déjà été visé, en novembre 2016, par une plainte pour « proxénétisme sur une enfant mineure » déposée par les parents d'une adolescente. La jeune fille y avait posté une annonce pour se prostituer, alors qu'elle n'avait que 14 ans. Elle se présentait comme une masseuse de 20 ans. Mais, les actions judiciaires, comme les condamnations restent rares. Une grande part du contrôle des transactions se retrouve *ipso facto* entre les mains des internautes qui se mettent spontanément en relation, avec tous les risques de débordements liés à la vulnérabilité socio-économique de la personne candidate à l'échange. Et si parfois, les commentaires peuvent servir d'indices, rien ne prouve qu'une relation sexuelle a été obtenue et de surcroît, en échange d'une rémunération.

Pour inverser la tendance, il existe très peu d'outils. Juste, quelques initiatives. À l'été 2017, deux salariés de Microsoft ont lancé à l'essai un *chatbot* conçu durant leur temps libre et destiné à freiner les potentiels clients de prostituées dans leur pratique. Ce robot conversationnel, en se faisant passer pour une prostituée sur une annonce racoleuse, est capable de répondre aux demandes des internautes en matière sexuelle. Lorsqu'une personne mord à l'hameçon, il est en mesure de jouer le rôle d'une travailleuse du sexe et de donner des détails sur lui-même comme son âge, ses caractéristiques physiques et ses mensurations. La discussion

1. Article 39 bis du Code d'instruction criminel belge relatif à la saisie de données immatérielles.

change toutefois du tout au tout dès que l'acheteur semble prêt à payer pour obtenir des services sexuels. Le *chatbot* envoie alors un avertissement contextuel destiné à le décourager de poursuivre cette voie : « *Acheter des services sexuels de n'importe qui est illégal et peut causer de sérieux torts à long terme à la victime, en plus d'empirer le cycle du trafic des êtres humains* » indique l'un des messages. « *Les détails de cet incident seront examinés et vous pourriez être contacté par les forces de l'ordre pour un interrogatoire.* »

« Big Brother is watching you »

(Georges Orwell)

7.

Divers contre pipe

L'immobilier ou les études à devoir financer ne sont pas les seuls secteurs à être gangrenés par le troc sexuel. Du plombier qui se fait payer en nature au dépanneur qui ferme les yeux sur sa facture en contrepartie d'un câlin, en passant par les bricoleurs et jardiniers du dimanche, ils pratiquent tous le négoce de leurs raideurs.

Désormais, sur certains portails, une heure de plomberie ne s'échange plus contre une heure d'espagnol, mais contre du sexe. Cette nouvelle forme de troc n'épargne aucun secteur de l'économie. Ceci n'est pas un *hoa*x. Entrée en vigueur aux Pays-Bas, la loi s'appelle «*A Ride for a Ride*». Promulguée en 2015 et légalisant les paiements en nature, elle autorise les moniteurs d'auto-école à accepter des prestations sexuelles de l'apprenti conducteur en échange de leurs leçons de conduite.

John (38 ans) fait partie de ces prestataires version « *Chippendales* » et il l'assume. Il y a trois ans, il est intervenu un week-end chez un jeune couple pour un dépannage informatique urgent. *« Ils étaient indépendants, dans les produits bio, complètement stressés par une comptabilité trimestrielle à devoir rentrer. Il fallait que leur ordinateur soit rapidement à nouveau opérationnel. J'ai fait de mon mieux et le plus vite possible. Le client est toujours stressé de voir les heures tourner. Je n'avais pas fait de devis et, mission terminée, lorsque le mari a vu le montant à trois chiffres sur la note, il l'a trouvée salée.*

Étonnement passé, il m'a alors fait comprendre sans détour qu'il était voyeur. Il ne voyait donc aucun problème à me proposer sa femme en guise de paiement. Elle était vachement bien foutue. Elle avait tout ce qu'il fallait là où il fallait. Elle était partante. Le scénario m'a excité et j'ai accepté cette première expérience. » Dans l'esprit de John, pas le moindre scrupule ou problème de conscience. « *Cela m'est arrivé quelques fois depuis. Je ne cherche pas, mais quand cela se présente, je n'hésite pas. J'essaie juste de joindre l'utile passager pour l'autre à l'agréable éphémère pour moi.* »

Agréable, le principe ne semble pas l'être à tous les coups dans les deux sens et Valérie (32 ans) en a fait les frais. Lorsqu'elle avait 27 ans, elle a traversé une période où elle a dû manger du très indigeste pain noir. En quelques mois, elle perd son emploi et son mari la quitte pour sa voisine de palier. « *J'avais vraiment l'impression d'être au bout de ma vie et ce n'était vraiment pas le moment d'avoir des frais. Un matin, en plein hiver, ma chaudière est tombée en panne. La poisse ! J'ai appelé un réparateur qui est arrivé dans l'heure. Il s'est immédiatement mis au travail. Je m'occupais quant à moi dans la cuisine, déjà soulagée de ne pas avoir attendu plusieurs jours. Quand il est réapparu deux heures plus tard, il m'a confirmé fièrement que tout était en ordre, tout en m'annonçant dans la foulée la douloureuse : quatre cent cinquante euros ! J'ai instantanément blêmi, avant de fondre en larmes. Je ne savais absolument pas payer une telle somme ! Sans sourciller, il m'a regardée droit dans les yeux, tout en passant ma silhouette au scanner, avant de me suggérer, sûr de lui, qu'il y avait peut-être une solution. Il pouvait laisser tomber la main-d'œuvre et ne me facturer que les pièces si je lui faisais une gâterie. «Mais attention, je ne te drague pas ! Je t'informe juste de l'éventualité d'un rapport sexuel.» Je suis restée sans voix, tout en le laissant s'approcher de moi. Comme un animal, il a pris ce qu'il devait prendre et il est reparti aussi vite. Je me souviens être restée prostrée dans mon canapé, stupéfaite de ce que je venais de faire. J'avais donné mon âme. J'avais pactisé pour survivre. Pendant les semaines qui ont suivi, j'en ai fait une véritable fixation, presque névrotique. C'est complètement délirant, mais la crainte que ce soit le lave-linge qui me lâche ou tout autre électroménager ne m'a pas quittée des mois durant.* »

« Le sexe masculin est ce qu'il y a de plus léger au monde.
Une simple pensée le soulève. »

(San Antonio)

8.

Malbouffe sexuelle

Observateur critique des normes sociales, dans son ouvrage d'anticipation «*Le meilleur des mondes*», Aldous Huxley prédisait déjà, en 1932, l'avènement d'une dictature des applications du progrès scientifique potentiellement nuisibles à l'humanité. Un système fait de dépendance à la surconsommation où les hommes «*auraient l'amour de leurs servitudes*».

Soixante-quinze ans plus tard, l'essor des nouvelles technologies de l'information aura effectivement modifié le paysage consumériste. La marchandisation des corps est devenue «*mainstream*»[1] *on line* et le marché des robots sexuels est en pleine expansion.

«*Si vous n'arrivez pas à trouver une copine, vous pouvez toujours vous en faire faire une chez nous*» est le slogan de la société japonaise «*Orient Industry*». Réalistes à souhait, ces «*siliconedolls*» de compagnie ont un vagin, un point G fonctionnel et la capacité d'atteindre l'orgasme. Si «*Mature Martha*», «*SM Susan*» et «*Frigid Farrah*» ne laissent aucun doute sur leurs tendances sexuelles, une certaine gamme, baptisée «*Roxxxy*» est même programmée pour être violée. Dans le même style, le modèle enfant «*Yoko*»

---

1. Phénomène de masse suivi par un large nombre représentant ce qui est à la mode. «Il existe deux formes de mainstream : celui que l'on choisit, plus ou moins honteusement, et celui que l'on subit, impuissant face à la violence des machines à l'œuvre.» (Jean-Daniel Beauvallet, «La haine du mainstream», lesinrocks.com, 21 mai 2011).

est « *si jeune qu'elle attend que vous lui appreniez plein de choses* », une incitation à la pédophilie qui efface les sourires et pose de nombreux problèmes éthiques pour la « *Foundation for Responsible Robotics* »[1], lorsque l'on sait que 67 % des hommes sont en faveur des robots sexuels, contre 33 % des femmes : « *Il est absolument évident que créer une représentation pornographique du corps de la femme et en faire une machine sexuelle transforme leur corps en produit, avec un manque cruel d'objectivation entre les deux sexes.* »

Conséquence inéluctable, avec cette tendance à mettre plus facilement sa sexualité en scène, l'acte sexuel est de moins en moins lié à l'aspect sentimental. Le corps est un capital que l'on peut utiliser sans balise morale.

« *File-moi ton sac de billes, je te donnerai des carambars !* » En une génération, le refrain a quelque peu changé. Aujourd'hui, l'âge des premiers baisers est devenu celui des premiers deals corporels. Les adolescents échangent leurs petites copines entre eux en se promettant tout, de l'iPod à un plein d'essence pour leur scooter. Des gamines prêtes à passer à l'acte dans les toilettes des établissements scolaires et en tournante, s'il le faut. Un attouchement des seins pour un verre, une fellation contre la paire de baskets dernier cri… D'après un sondage *OpinionWay* pour l'*ACPE*[2], 25 % des adolescents ont des amies dans leur entourage qui « ont fait des choses anormales avec leur corps contre des cadeaux ». Une image dégradée de la femme au rang d'objet facilitée par un accès aisé à la pornographie, les jeunes découvrant les films X de plus en plus tôt. Ainsi, selon l'*IFOP*, la moitié des adolescents âgés de 15 à 17 ans ont déjà surfé sur

---

1. www.responsiblerobotics.org

2. Association Agir contre la prostitution des enfants.

un site pornographique (51 %), soit une proportion en hausse de 14 points par rapport au début des années 2000.

Ce n'est pas la taille de l'écran qui compte. L'industrie du sexe saute sur tout ce qui bouge avec une réactivité et un opportunisme impressionnants. Tout comme la location de vidéos pour adultes a largement boosté la vente des magnétoscopes dans les années 80 ou celle des lecteurs de DVD quelques années plus tard, l'explosion du cybersexe a également pris possession des smartphones. *Porno-pocket,* pour 40 % des garçons et 26 % des filles, le téléphone mobile est désormais le support le plus utilisé pour visionner un film porno. Neuf fois sur dix, il s'agit d'un site gratuit. Pourtant, la plupart des ados interrogés dans le cadre de cette même étude estiment que cette première expérience était prématurée et qu'ils n'avaient pas « l'âge pour voir ».

En 2013, Inès Pelissié du Rausas, docteur en philosophie, publie « *S'il te plaît, maman, parle-moi de l'amour* »[1]. L'amour est-il « crade » ? Dois-je être prête à tout pour être « populaire » au lycée ? L'auteur livre les réflexions d'une préadolescente, plus tout à fait enfant et déjà soumise à une forte pression. La femme en devenir qui l'habite et qui aspire un jour à aimer dans le respect de son corps et de sa féminité est confrontée à la « *junk sex* » dans une époque où « *bitch* » (salope) devient un compliment. « *Ce n'est pas grave de faire cela* », « *Les vrais bisous, on les garde pour nos amoureux* ». Loin de vouloir enlever aux féministes des années 70 leurs luttes si chèrement acquises, la liberté sexuelle semble avoir des effets collatéraux indésirables. Pour être libre, il faut avoir l'option des choix. Ces jeunes filles sont-elles véritablement plus libres que leurs grands-mères et mères dans ce rapport serviciel à

1. « S'il te plaît, maman, parle-moi de l'amour », Inès Pelissié du Rausas, Éditions Saint Paul, 2013.

un sexe qui n'est plus sacralisé ? Jouets sexuels, boules de Geisha, viagra féminin, patchs pour libido, les marketeurs nous vendent l'émancipation de la femme, mais ne serait-elle pas plutôt en train de s'aliéner ?

Entre « *Cinquante nuances de Grey* »[1] et mille nuances de gris, l'injonction au plaisir pourrait être le nouveau carcan sexuel et même, un véritable frein à l'amour. Une « *new romance* »[2] où les femmes sont décrites comme faibles, plutôt modestes, et l'homme avec un grand « H » (le mâle par excellence) est au minimum milliardaire. Et si elles acceptent de se livrer à ses caprices sexuels, c'est pour que la romance moderne se termine par un mariage en « *happy end* », au bout de cinq tomes au moins, de préférence !

Contresens courtisan, la structure du désir amoureux subit une torsion radicale. Friandise érotico-conversationnelle, le sexto[3] a détrôné le texto pour s'émanciper du pur textuel. Le vocable est non seulement entré dans le Larousse, mais aussi dans l'intime. Nouvelle forme de castration, le *sexting* instrumentalise l'absence et entretient la frustration, comme il nourrit également une part assumée de bluff. « *Je suis toute nue* » alors que l'on écrit en pyjama, débarrasse de l'obligation des élans poétiques pour achever l'enthousiasme.

---

1. « Cinquante nuances de Grey » est un film dramatique américain réalisé par Sam Taylor-Wood, sorti en 2015. Il s'agit de l'adaptation du bestseller homonyme d'E. L. James, premier tome de la trilogie « Fifty Shades ».

2. « New romance » ou « New adult » : nouveau genre littéraire rose pour les 18-25 ans, un public essentiellement féminin.

3. Le *sexting* (texto-pornographie) est l'acte d'envoyer électroniquement des textes ou des photographies sexuellement explicites, en français des « sextos », surtout d'un téléphone portable à un autre. Le terme est apparu en 2005 en Australie dans un article du journal The Daily Telegraph.

« Liaisons dangereuses », par érosion, les fessées se démocratisent, les mœurs policées se « *Polisse* »[1] et les relations psychoaffectives s'en trouvent polluées. Basculer dans des pratiques prostitutionnelles est devenu anodin, presque normal. « *Tu as sucé pour récupérer ton téléphone, parce que c'est un «beau téléphone» !* », lui lance Fred. « *T'aurais fait quoi pour récupérer ton PC portable ?* »

1. « Polisse » est un film dramatique français écrit et réalisé par Maïwenn, sorti en 2011. Il recevra le prix du jury au Festival de Cannes.

« Le soulagement sexuel est l'ultime forme de mysticisme accessible à la plupart des gens. »

(Hanif Kureishi)

9.

De la sexualité à la sextorsion

La sextorsion est la dernière forme d'arnaque sexuelle en vogue sur les réseaux sociaux. Derrière de faux profils, le plus souvent de femmes, des hommes piègent des jeunes filles crédules et les prennent en otages par le chantage pour leur soutirer de l'argent ou pire, les inciter à la prostitution.

Maité Katinka Lonne a été victime d'un proxénète recruteur en ligne. Son agresseur, Iaokimidis Komminos, dit David K. (40 ans), a été condamné en novembre 2014, par le tribunal correctionnel de Liège, à une peine de huit ans de prison, pour traite d'êtres humains, exploitation de la débauche, tenue de maison de débauche et viols. Cet homme, en état de récidive légale, recrutait des jeunes femmes naïves et en recherche d'affection sur Facebook pour les faire travailler dans le milieu de la prostitution. Au premier contact, sous prétexte de leur offrir un travail d'hôtesse dans l'événementiel, elles étaient d'abord orientées vers une société, le « *Ladies Night* », qui exploitait des bars de consommation. Ensuite, de conversations en manipulations, l'homme repérait les failles de ses victimes pour les emmener insensiblement vers leur premier client.

Les faits remontent à 2013. Maité a 21 ans. Sans emploi, elle recherche un travail dans l'Horeca. « *Comme tout le monde le fait aujourd'hui, j'ai envoyé mon CV un peu partout via Internet. Une femme, Helena M., m'a alors contactée et nous avons commencé à échanger sur Facebook. Elle m'a dit qu'elle travaillait dans l'événementiel et qu'elle allait donner mes coordonnées à son patron, car mon profil pouvait lui convenir.* » Quelques jours plus tard, c'est David K. qui contacte Maité. « *Il m'a donné rendez-vous à Liège, près de la gare des Guillemins et nous avons été boire un verre dans un café. Il était présentable, très correct. On a parlé que boulot. J'étais donc en confiance.* » L'homme va alors proposer à Maité une seconde entrevue. « *Il m'a dit qu'il n'était pas seul à décider dans la boîte et qu'il fallait que je rencontre ses associés. Une semaine plus tard, il m'a donné rendez-vous dans un restaurant grec.* »

Mais, lorsque la jeune femme va arriver dans l'établissement, mis à part David K. qui l'attend, celui-ci est désert. « *On a un peu attendu et puis il m'a dit qu'il ne me trouvait pas assez présentable pour ses associés et qu'il m'avait préparé une tenue* ». Robe et chaussures à talons à la main, David K. va suggérer à Maité d'aller se changer dans l'arrière-salle. « *C'est vrai que je m'habillais à l'époque de façon assez masculine. Mais j'étais dans l'esprit du job. Je voulais ce travail. Je vivais avec huit cents euros par mois. Je me suis donc exécutée et j'ai été me changer* ». Lorsque Maité va revenir, David K. va se montrer plus pressant. « *Il a commencé à centrer la conversation sur mon physique et mes charmes. Il m'a demandé comment je m'y prenais avec les hommes en général. Il m'a alors dit : "Prends ceci comme un test d'embauche. Séduis-moi". J'ai commencé à me sentir très mal à l'aise. Je lui ai dit que je ne comprenais pas ce que cela venait faire dans l'entretien. J'ai tourné les talons pour aller remettre mes vêtements. C'est là qu'il m'a suivie. Il m'a plaquée fermement au sol et il m'a violée. Je ne me suis pas défendue. Mon esprit a quitté mon corps. Je n'étais plus là. Il m'a ensuite jeté une liasse de billets au visage et m'a demandé de décamper ! Je n'ai vraiment pas compris ce qui m'arrivait. Je me sentais tellement coupable de m'être fait piéger…* »

Les faits vont durer près d'un an. « *Il me téléphonait tout le temps. J'avais l'impression qu'il était partout, sous mon lit, dans l'armoire. Il avait accès à des informations sur moi et je ne savais pas comment. Il était oppressant et menaçant. Avec mes photos hackées, il m'avait même inscrite sur un site d'escorts sous le pseudonyme "Katarina". J'ai su durant l'enquête qu'il fonctionnait ainsi avec toutes les jeunes filles. Il utilisait des détails personnels pour garder la pression. Et puis, ce qui était le plus pervers, c'est qu'Helena, dont je ne savais pas que c'était un faux profil, prenait régulièrement de mes nouvelles. Elle me disait que je n'étais pas seule, que je pouvais me confier à elle. C'était lui qui me parlait en fait et il a fait cela avec plus de deux cents victimes ! Les enquêteurs ont retrouvé un carnet rempli de noms de femmes, mais cela n'a pas diminué mon sentiment de honte.* »

Lors du procès, Maité ne se portera pas partie civile et ne se présentera pas aux audiences. « *L'officier en charge du dossier m'a contactée. D'abord, je lui ai dit que je ne savais rien et qu'il ne m'était rien arrivé. Mais, il était tellement à l'écoute que j'ai fondu en larmes et j'ai tout déballé. Cela m'a soulagée, mais je n'ai pas voulu aller témoigner.* » Si Maité n'a pas eu la force de parler, elle a eu, en revanche, celle d'écrire. Dans un livre autobiographique, « *L'envol de l'innocence* », elle se raconte : « *Quelle est la frontière entre manipulation et réalité ? Comment savoir si l'on agit délibérément ou non ? Je ne savais pas où me situer dans tout ceci. Je ne ressentais plus rien. Pendant des mois, je n'ai plus eu que David K. dans mon quotidien. J'avais presque envie de mourir…* »

Réalité « augmentée », la manipulation amoureuse virtuelle joue aussi sur le flou qui se crée entre l'apparence et ce qui se programme réellement de l'autre côté du contact. Fantasmagorique, l'extorsion identitaire, lorsqu'elle influe sur les ressentis, devient phagocytage sentimental. Dans « *Vous connaissez peut-être* »[1], le dessinateur et

1. « Vous connaissez peut-être », Joann Sfar, Éditions Albin Michel, 2017.

scénariste Joann Sfar raconte comment, dans un moment de faiblesse émotionnelle, il s'est fait piéger sur Facebook. Mélange de vide affectif et de crédulité, pour oublier sa rupture avec une femme mariée, il va laisser Lili entrer dans sa vie par écran interposé. Malgré les mises en garde de son entourage amical, l'homme va se faire avoir comme un bleu. Il ne verra jamais cette femme qui le tient en haleine et lui dit ce qu'il a envie d'entendre. «*Je t'aime, moi non plus*»[1], l'arnaque va durer près de deux ans, avant de se terminer par un dépôt de plainte.

1. «Je t'aime, moi non plus», Serge Gainsbourg et Jane Birkin, 1969.

« L'essence de l'homme est virtuelle, parce qu'il ne peut se satisfaire de sa réalité passagère.

Le virtuel est ce qui nous aide à faire advenir ce que nous ne sommes pas encore. »

(Philippe Quéau)

10.

Ne bai(s) se pas l'amour !

Si les inégalités économiques entre les hommes et les femmes subsistent, malgré les « libérations » post-soixante-huitardes, chose rêvée d'une alternative égalitaire, c'est aussi parce qu'elles persistent dans les représentations contemporaines de ces dernières. Une manière de continuer à entretenir l'image d'une domination masculine ancestrale sur la gent féminine[1]. Depuis que le monde est monde, l'homme est le chasseur et la femme son gibier. Si l'étendard « *Moulinex libère la femme* » de l'après-guerre est devenu « *Femme wonder woman* » gardienne de sa procréation grâce à la pilule, ce n'est ni le port du pantalon ni l'accès à certains emplois, ni la maîtrise de sa sexualité qui en ont changé la donne.

« *Basic Instinct* »[2], l'homme du XXIe siècle a besoin de réassurance dans sa virilité pour compenser le prétendu « pouvoir originel perdu », en quelques générations, des chromosomes XY sur les XX. Les publicistes ont cerné le concept pour capter le consommateur : l'érotisme au masculin se nourrit de courbes et de formes et son désir est essentiellement déclenché par des stimuli visuels. Porno chic, un concessionnaire automobile vendra toujours mieux son dernier modèle sorti d'usine avec une femme à la poitrine pulpeuse langoureusement étalée sur un capot, pour en érotiser

1. « Les scripts de la sexualité. Essais sur les origines culturelles du désir », John Gagnon, Payot, 2008.

2. « Basic Instinct » est un thriller érotique franco-américain réalisé par Paul Verhoeven, sorti en 1992.

l'acte d'achat. Effet pervers de ce postulat réducteur, les stéréotypes sexistes véhiculés par les médias entretiennent un climat général d'absence de respect. Une femme, jambes écartées, en talons et collants résille, une autre penchée vers l'avant sur un tabouret dans une position explicite, ces deux affiches de campagne de la marque de luxe *Yves Saint-Laurent* ont été épinglées, en mars 2017, par l'Autorité française de Régulation professionnelle de la Publicité (*ARPP*).

Et ces clichés machistes sont ancrés dans l'imaginaire collectif dès la cour de récréation. Un rapport présenté par l'*American Sociological Association* (*ASA*) conclut que les jeunes filles entre 11 et 16 ans souffrent d'une réputation de « filles faciles » à partir du jour où elles perdent leur virginité, avec une baisse de popularité de 45 %. En comparaison, les garçons « qui se tapent beaucoup de filles » voient la leur exploser de 88 %. De même, les jeunes filles qui flirtent, mais « qui ne couchent pas », voient leur degré de respect augmenter de 25 %, alors que les garçons dans la même situation sont considérés comme des « femmelettes » et subissent une perte de valorisation dans le groupe de 29 %. Ces résultats démontrent une persistance de scénarios réactionnels types associés à chaque genre et expliquent pourquoi deux fois plus de filles que de garçons sont touchées par le harcèlement sexuel scolaire, analyse Derek A. Kreager, l'auteur de l'étude.

Cette caricature, dont le corollaire se matérialise chez les adolescents par un humour gras et blessant, n'est pas potache et peut devenir harcèlement. Dernière technique de dénigrement sexuel particulièrement en vogue sur les réseaux sociaux à l'encontre du sexe féminin : le « *slut-shaming* »[1]. Le principe est simple : stigmatiser la fille de la classe qui « s'habille de façon provocante », qui « se maquille un peu trop » ou encore qui « sort

1. « L'humiliation des salopes ».

avec tout le monde», en postant une photo d'elle sur la Toile, illustrée de commentaires sarcastiques et dégradants. «*Tu devrais fermer tes jambes avant d'ouvrir ta bouche*», «*Heureusement que Photoshop existe pour les pétasses*», «*Il n'y a que le train qui ne te soit pas passé dessus*», les insultes prolifèrent en ligne et les jeunes bourreaux se sentent tout puissants de par l'impunité pensée assurée d'être derrière un écran. Des adolescentes se retrouvent alors crucifiées sur la place publique du Web, victimes d'une violence psychologique extrême.

Une violence sexiste qui se retrouve également dans la rue. En 2016, Sofie Peeters, étudiante à la haute école d'art du spectacle et des techniques audiovisuelles, réalise un film[1] en caméra cachée dans les rues de Bruxelles, afin de dénoncer les agressions verbales à caractère sexiste. Selon une enquête, «*Mon expérience du sexisme*»[2], 98 % des femmes belges ont déjà été victimes de harcèlement de rue au moins une fois dans leur vie. Trois femmes sur quatre ont vécu cette désagréable expérience avant leurs 17 ans et plus de la moitié des victimes l'ont vécu avant leurs 15 ans. Depuis 2014, une loi[3] condamne pénalement «*tout propos ou tout acte, dans l'espace public, qui a manifestement pour objet d'humilier une personne en raison de son sexe, avec pour conséquence une atteinte grave à la dignité de cette personne.*» En France, l'injure publique est passible de douze mille euros d'amende. Si cette injure a un caractère raciste, sexiste, homophobe ou qu'elle va à l'encontre de personnes handicapées, la peine encourue s'alourdit et monte jusqu'à vingt-deux mille cinq cents euros d'amende et six mois de prison. Dans les faits pourtant, très peu de plaintes sont déposées chaque année.

---

1. «Femme de la rue», Sofie Peeters, 2016.
2. «Mon expérience du sexisme», JUMP - Promoting Gender Equality, advancing the economy, 2016.
3. Loi du 3 août 2014 tendant à lutter contre le sexisme dans l'espace public.

De leur côté, les féministes sont loin d'être en reste et dénoncent régulièrement, par coups de gueule sur le Web, les publicités, les vidéos et les musiques qui incitent au dénigrement lié au genre. Faut-il rallonger sa jupe pour s'épargner les critiques ? Avec plus de 200 000 partages sur Facebook, une photo postée sur son blog, en 2013, par la photographe canadienne Rosea Lake, met le sexisme ordinaire au pilori d'une bienséance hypothétique. L'image interpelle en ce qu'elle établit, de la ceinture à mi-mollet, une échelle de moralité supposée en fonction de la longueur du tissu porté. De « traînée » à « allumeuse », en passant par « insolente », « convenable » ou « coincée », chaque trait limitant dessiné sur la cuisse fait référence à un jugement de valeur. En commentaire : *« Non, toutes les jeunes filles qui portent un short ne sont pas des salopes ! »*

Et pourtant, c'est ce qui est arrivé à Maude Vallet, une jeune étudiante française. Son selfie coup de gueule publié sur sa page est accompagné en légende du message suivant : *« Je suis en colère ce soir. Nous sommes en 2016 et je viens de me faire agresser parce que je portais un short. Oui, un short, un "putain" de short ! Cinq filles de mon lycée m'ont menacée, traitée de sale conne et craché dessus dans le bus. Un homme, que j'ai dû interpeller, a pris ma défense [...] Je tremble de rage, pour un pauvre short [...] Est-ce que c'est la quantité de tissu que tu portes qui définit ta vertu ? [...] Sous vos yeux, la tenue du crime que cet événement ne m'empêchera absolument pas de reporter, bien au contraire ! »*

« Faut se respecter ! Et si tu te suicides, j'irai à ton enterrement, sale pute ! » ne relève pas de la simple moquerie. Les mots peuvent tuer. En avril 2017, après des mois de harcèlement, une jeune Américaine de 14 ans se donne la mort. Sentence vécue comme ultime, des filles de son école avaient signé en épitaphe sur son casier scolaire : « *You are just a slut !* » (Tu n'es qu'une salope !) Son cas n'est pas isolé. Régulièrement traitée de « connasse » et de

« boloss », souffre-douleur au lycée, pour échapper à son enfer, le 13 février 2013, Marion met fin à ses jours. L'adolescente laisse deux lettres à destination de son école. La première enveloppe, « *Si vous lisez ceci, c'est que mon cœur ne bat plus* », contient ses écrits, détaille les faits subis et désigne ses bourreaux. La seconde, vide de contenu, laisse juste apparaître ces mots sur sa face : « *Mes bons souvenirs avec vous !* »

« *Marion, 13 ans pour toujours* »[1] est l'hommage posthume rendu par Nora Fraisse à sa fille. « « *Marion, tu t'es suicidée à 13 ans, en te pendant à un foulard, dans ta chambre. Sous ton lit en hauteur, on a trouvé ton téléphone portable, attaché au bout d'un fil, pendu lui aussi pour couper symboliquement la parole à ceux qui, au collège, te torturaient à coups d'insultes et de menaces. J'écris ce livre pour te rendre hommage, pour dire ma nostalgie d'un futur que tu ne partageras pas avec moi, avec nous. J'écris ce livre pour que chacun tire les leçons de ta mort. Pour que les parents évitent à leurs enfants de devenir des victimes, comme toi, ou des bourreaux, comme ceux qui t'ont fait perdre pied. Pour que les administrations scolaires s'évertuent à la vigilance, à l'écoute et à la bienveillance à l'égard des enfants en souffrance. J'écris ce livre pour qu'on prenne au sérieux le phénomène du harcèlement scolaire. J'écris ce livre pour que plus jamais un enfant n'ait envie de pendre son téléphone ni de suspendre à jamais sa vie.* »

---

1. « Marion, 13 ans pour toujours », Nora Fraisse, Éditions Calmann-Lévy, 2015.

« Les agresseurs sont des experts pour colporter des rumeurs et divulguer de faux secrets.
Ils savent porter des accusations sans preuve, avec force et conviction.
L'amalgame est hissé au rang de vérité par les braves gens qui pensent qu'il n'y a pas de fumée sans feu.
Oubliant que le vampire archétype du pervers se déplace dans un nuage de brouillard que lui-même suscite. »

(G. Lopez)

11.

#rape culture

Alors que le « *slut-shaming* » sévit sur Facebook, le « *revengeporn* » a trouvé ses marques sur Twitter. Ce cyberharcèlement, au départ d'images partagées, nourrit une culture d'encouragement au viol, en répandant l'idée qu'il n'y a pas de problème à violer des « salopes », celles qui portent des vêtements moulants, se maquillent à outrance et suggèrent leurs formes. Avec cette expression de consentement pensé tacite, d'une manière ou d'une autre, « *ces allumeuses, l'ont bien cherché !* », ce qui entretient un poncif misogyne sur la représentation de la femme.

Le sexisme primaire a aussi la dent dure chez les geeks. Fonction cathartique, tuer, braquer, dans l'univers virtuel, le joueur s'autorise à travers son boîtier à transgresser tous les interdits, y compris celui de violer. Dans la suite du jeu « *Tomb Raider* », sorti en 2013, l'héroïne iconique Lara Croft, conçue dans sa plastique pour attirer le jeune mâle, est victime d'une agression sexuelle. « *Faire subir de tels supplices à l'une des figures les plus emblématiques du jeu vidéo, c'est tout simplement génial. Et si j'osais, je dirais même que c'est assez excitant* », ose écrire, façon loup de Tex Avery, un journaliste du magazine Joystick à l'époque. Un commentaire qui, de forums en blogs, indignera les gameuses, l'accusant d'un « *machisme puant* », faisant l'apologie du viol et vecteur de « *rape culture* »[1] à l'instar de « *RapeLay* », un jeu de simulation de viol importée du Japon, vendu un temps sur Amazon aux États-Unis, avant qu'il ne soit promptement retiré des ventes après un lynchage médiatique.

Sexualisation stratégique du jeu, les développeurs affirment répondre à une demande : « *L'insécurité masculine face aux femmes émasculatrices, amazones modernes.* » De plus gros ou de plus petits seins, depuis sa création, en 1996, Lara Croft a subi plusieurs métamorphoses au gré des tendances subliminales. Dans les suites du jeu de combat « *Soul Calibur* », créé en 1999 et dont l'adaptation fait fureur depuis 2012 sur iPhone et iPad, les personnages masculins sont permis de vieillir, mais tous les personnages féminins gardent le même âge ou sont remplacés par leur fille.

En 2007 déjà, dans leur étude « *Video Game Characters and the Socialization of Genders Roles* »[2], les chercheuses Karen Dill et Kathryn Thill identifiaient trois portraits stéréotypes majeurs des femmes dans les jeux vidéo : sexualisées, très légèrement vêtues et particulièrement belles, avec plus d'un quart des personnages féminins qui incarnent les trois catégories réunies. Une autre constante : l'agression mêlée au sexe dans les scènes de violence est banalisée.

Aussi sournoise qu'insidieuse parce qu'elle endort les consciences, cette culture du viol kidnappe l'histoire des victimes en les culpabilisant. Une chaîne du silence en chape de plomb qui induit socialement, dès la petite enfance, le postulat génétique

1. En 1974, Noreen Connell et Cassandra Wilson emploient pour la première fois le terme « culture du viol » dans leur livre « Rape : The First Sourcebook for Women ». Ce concept établit des liens entre le viol et la culture de la société où ces faits ont lieu et dans laquelle prévalent des attitudes et des pratiques tendant à tolérer, excuser, voire approuver l'agression sexuelle.

2. Karen E. Dill et Kathryn P.Thill, « Video Game Characters and the Socialization of Gender Roles: Young People's Perceptions Mirror Sexist Media Depictions », Sex Roles, 2007.

que les hommes ont des besoins et qu'ils sont obligés, par nature, de sauter sur tout ce qui bouge, réduisant la femme à une proie sexuelle devant par essence répondre à des pulsions primaires, jusqu'au drame parfois. Et les campagnes de sensibilisation au piratage des données personnelles ne changent pas la donne. Le partage de photos nues fait fureur chez les 18-35 ans. Plus de 25 %[1] des jeunes, majoritairement des filles, sont adeptes de cette communication érotique, sans en mesurer tous les risques encourus pour leur image.

En 2012, le suicide d'Amanda Todd (16 ans), dans sa maison de Port Coquitlam, bouleverse le Canada. Harcelée sur Internet, le 7 septembre 2012, elle publie sur YouTube une vidéo de 9 minutes intitulée : « *Mon histoire : Lutte, harcèlement, suicide et automutilation* »[2]. Face caméra, sans un mot, l'adolescente fait défiler une à une les feuilles blanches qui retracent son chemin de croix. Relayées par des sites d'information, les images font le tour du monde et seront visionnées plus de 1 600 000 fois.

Le mal-être d'Amanda remonte à ses 12 ans. La fillette rencontre alors un homme par webcam interposée. Comme dans un mauvais remake de « *Sexe, mensonge et vidéo* »[3], très vite, il va lui faire

1. Sondage d'Opinion Way réalisé via Internet les 2 et 3 juillet 2014, auprès d'un échantillon représentatif de 1009 individus âgés de 18 ans et plus.

2. « My Story: Struggling, bullying, suicide and self-harm »

3. « Sexe, mensonges et vidéo » est un film américain réalisé par Steven Soderbergh, sorti en 1989. Il a notamment reçu la Palme d'or au 42e festival de Cannes. Synopsys : Graham Dalton revient, après neuf ans d'absence, dans la ville de son adolescence, Baton Rouge. Il y est accueilli par son vieil ami John Millaney, qu'il n'a pas vu une seule fois depuis son départ. Celui-ci est marié à Ann, femme au foyer timide et réservée, qu'il trompe avec Cynthia, la sœur d'Ann. Graham apparaît comme un être étrange et se lie d'amitié avec Ann. Celle-ci découvre un jour qu'il possède de nombreuses cassettes vidéo, chacune portant un nom féminin. Graham lui avoue que son hobby est d'interviewer des femmes afin qu'elles lui racontent leurs expériences intimes.

des propositions graveleuses. Amanda va s'exécuter naïvement. Chantage, intimidation, le harceleur finira par diffuser des photos de la jeune fille nue sur les réseaux sociaux. La vie d'Amanda Todd vire alors au cauchemar. Elle perd ses amis et sa réputation. Les changements d'établissements scolaires se succèdent. L'individu réapparaît inexorablement. Il crée de faux profils Facebook avec la photo topless d'Amanda en guise d'avatar, tout en contactant à chaque fois ses camarades de classe dans ses nouvelles écoles. Les crises d'angoisse se font de plus en plus fréquentes. Amanda ne sort plus de chez elle. Chaque jour qui passe, elle s'enfonce un peu plus dans le mutisme et la dépression. Sauvée *in extremis* quelques semaines plus tôt, après avoir ingurgité de l'eau de Javel, le 10 octobre 2012, vers 18h, elle est retrouvée pendue au domicile familial. Son décès devient cause nationale.

Depuis 2008, aux États-Unis, le *sexting* mortifère a le visage de Jessica Logan (18 ans). À l'époque, cette jeune lycéenne américaine fréquente depuis deux mois à peine un jeune homme. Pour se venger lorsqu'elle le quitte, le garçon éconduit envoie à ses copines, qui la font circuler à leur tour, une photo de Jessica nue. Rapidement, des centaines d'élèves la voient et les moqueries vont bon train. Calvaire insupportable, l'adolescente sombre dans une période noire. À bout de nerfs, elle décide de témoigner de son vécu lors d'une émission de télévision locale. En pleurs, la jeune fille implore ses tortionnaires : « *S'il vous plaît, je n'en peux plus. Je veux seulement que cela s'arrête !* » Malgré son désespoir entraînant des absences scolaires répétées, elle réussit son bac et envisage même de faire des études supérieures dans une fac de design. Mais elle est exténuée. Nerveusement, la digue lâche et elle décide de mettre fin à ses jours. Jeux funèbres, l'épitaphe déposée par sa mère meurtrie sur les réseaux sociaux dévoile : « *Elle était gentille. Elle était drôle. Elle avait la fibre artistique. Elle était une enfant bien. Ma seule enfant.* » À en couper le souffle, la torture psychologique était-elle à ce point délicieuse ?

« Dans la plupart des cultures, on est coupable d'être une victime »

(Boris Cyrulnik)

12.

Narcissisme 2.0.

En août 2014, « *Originalguy* » fait la Une de la presse internationale. Ce pseudonyme cache un homme, « collectionneur », soupçonné d'être à l'origine du *Celebgate*, cette fuite sur les forums américains « *4Chan* », « *Reddit* » et « *Twitter* » de photos nues d'une centaine de stars du show-biz, dont Ariana Grande, Kim Kardashian, Kate Upton et Rihanna. Pour récupérer ces clichés, le hacker informatique aurait profité d'une faille présente dans leur compte *iCloud*. Les photos publiées sont rapidement retirées du Web, mais des captures d'écran réalisées par les internautes continuent de circuler en ligne sans aucune maîtrise de la source.

Être au centre de l'attention est l'élément déclencheur de ces dévoilements intimes. Dès les années 70, le sociologue américain Christopher Lasch dénonce une néo-culture avérée du narcissisme[1], l'invasion de la société par le « Moi je ». Près d'un demi-siècle plus tard, vecteur privilégié de la complaisance envers soi, les selfies offrent, par excellence, ce miroir obsessionnel à chacun. Jouissance immédiate, l'appareil photo n'est plus ouvert sur le monde, mais braqué sur le « moi ». On se partage à bout de bras. Enjeu de popularité en escalade, le défi est de montrer que « je » peux aussi réussir, que j'ai mes « *Secret Story* » et que ma réalité peut faire fantasmer. « *Personnal branding* », l'ego devient art et

1. « The Culture of Narcissism: American Life in an Age of Diminishing Expectations », Christopher Lasch, Warner Books, 1979.

s'exprimer, même quand on n'a rien à dire, recette de séduction. Une glorification nombrilique qui atteint son paroxysme grâce aux smartphones. De Barak Obama au pape François, en passant par la reine Élisabeth prise en flagrant délit de «*photobombing*»[1], le monde succombe à l'hystérie du moment instantané. Une tyrannie de l'image entretenue et relayée par les «influenceurs» publics, ces instagrameurs sexy aux millions d'abonnés, stars des réseaux sociaux, dont l'essentiel du quotidien consiste à alimenter leur vanité, documentée de photos scandant leur vie prétendument cool, «*healthy*» et hors-norme, du lever jusqu'au coucher.

Ces mises en scène, qui atteignent les sommets de la vacuité lorsque les clichés sont retouchés, seraient presque anecdotiques si elles n'étaient sources potentielles de mal-être psychologique pour l'internaute lambda. Pire, chez les adolescents en quête d'identité, la frénésie de cette admiration de soi fétichisée peut devenir prise du risque[2], afin d'obtenir de la gratification dans le regard de l'Autre. «Syndrome de Harry Potter»[3], ils veulent être vus dans leur douleur existentielle et les actes «spectacles» se multiplient sur Internet.

Le 22 janvier 2016, une jeune femme de 18 ans se filme en direct sur Facebook, alors qu'elle est en train de s'immoler par le feu dans une station-service de La Rochelle. Le 10 mai 2016, c'est Océane (19 ans) qui met en scène ses derniers instants. Elle se jette sous un train en direct sur *Periscope,* l'application live de

1. Le *photobombing* est l'acte accidentel ou intentionnel d'apparaitre au moment de la capture d'une photographie au premier plan ou en arrière-plan de manière clairement visible et qui attire l'attention du spectateur.

2. «Le Goût du risque à l'adolescence», Xavier Pommereau, Éditions Albin Michel, 2016.

3. *Le syndrome de Harry Potter* consiste à croire que l'on peut faire des choses extraordinaires comme le héros de JK Rowling, même voler ou se jeter d'un bâtiment.

Twitter. En novembre 2016, la mort en direct sera cette fois double : Denis et Katya, deux adolescents russes de 15 ans en fugue, mettent fin à leurs jours connectés sur le Net, après avoir posté, quelques minutes plus tôt, les clichés de leurs préparatifs sur Instagram.

Une concurrence à la surexposition fait rage et les contenus visuels peuvent aussi devenir prises d'otages. Le 30 décembre 2016, Katelyn Nicole Davis (12 ans), de Cedartown, en Géorgie, dans le sud-est des États-Unis, retransmet sur l'application de diffusion en direct Facebook Live, une vidéo où on la voit attacher une corde à un arbre : « *Je regrette de n'être pas assez jolie. Je suis désolée pour tout, vraiment désolée, mais je ne peux pas* » sont ses derniers mots avant de se passer la corde autour du cou. Plus de mille spectateurs visionnent les images en première loge et quelques heures plus tard seulement, la vidéo enregistre déjà 250 000 vues. Si le compte YouTube de la fillette est rapidement suspendu par la police locale, celle-ci s'avouera impuissante à bloquer complètement la propagation des partages viraux. Katelyn Nicole a réussi son pari. Elle a sciemment capturé les regards des internautes témoins de sa fin macabre pour la livrer à la postérité.

Comble de ce morbide effet de mode : « *Blue Whale Challenge* », un jeu virtuel sordide qui prend son nom d'une légende d'après laquelle le cétacé serait capable de se suicider en s'échouant volontairement sur une plage. Le principe : cinquante défis à relever, le dernier étant celui de se donner la mort. Lorsqu'ils s'inscrivent en ligne, les joueurs se voient attribuer un « tuteur ». Durant cinquante jours, celui-ci lance des défis quotidiens aux participants qui doivent renvoyer des vidéos afin de prouver qu'ils les ont bien réalisés. Les images, qui comptabilisent jusqu'à 200 000 vues, sont *likées* et glorifiées afin de booster l'adrénaline des adolescents et les inciter à poursuivre le jeu. Certains défis sont soft, comme se lever à une certaine heure de la nuit pour écouter une musique triste, d'autres sont bien plus lourds, comme se taillader les avant-bras. Niveau ultime dans le jeu, mettre fin à ses jours pour remporter la partie et prouver sa témérité. En novembre 2015, Irina Kambaline se suicide en se jetant sous un train : ce sera la première victime de la *Baleine bleue*. En février 2016, dans l'est de la Russie, deux jeunes filles de 15 et 16 ans se jettent ensemble du toit d'un building. La même semaine, en Sibérie, une adolescente de 13 ans est retrouvée grièvement blessée après avoir sauté du 5e étage de son immeuble. Depuis le lancement du jeu, fin 2017, plus d'une centaine de décès serait recensée.

Cette autocomplaisance narcissique en ligne, inspirée des téléréalités, n'épargne pas le sexe. L'exhibitionnisme est définitivement tendance et les parties de jambes en l'air, comme les jeux sexuels sur le Net, collent aux nouvelles pratiques observées chez les moins de 25 ans. « *30 Days Sexy Challenge* » est le défi *caliente* lancé, à l'été 2017, par Megan Conley, une blogueuse américaine. Pour relever la bravade qui fait rapidement des émules, il suffit de suivre un tour du monde sexuel imposé. Dans la cuisine, sur la machine à laver, au grand air, sous haute « vibration », avec une double capote, en attachant les mains ou en regardant un porno, chaque échelon gravi dans les ébats est partagé en commentaires.

« *Je fais, je suis, j'existe* », l'« *Ego sum* » hypersexuel a ses retours de flamme lorsque l'image se fendille. Internet supprimant toutes les inhibitions du comportement humain créées par l'environnement social, le narcissique pervers se lâche sans commune mesure, poussé par ce besoin vital de maintenir l'illusion groupale autour de lui en posant des actes forts.

Les dés du paradigme sexuel sont pipés et les exemples dramatiques sont légion. En janvier 2017, deux jeunes hommes d'une vingtaine d'années sont arrêtés à Perpignan. Violer et humilier une jeune femme alcoolisée et droguée ne leur suffit pas. Ils décident de partager leurs exploits sur le réseau social Snapchat. Dès sa mise en ligne, la vidéo nauséabonde est dénoncée par les internautes et les individus, identifiables, sont interpellés par la police locale pour « diffusion d'images pornographiques sur Internet et suspicion de viol aggravé ».

« La séduction perverse se fait en utilisant
les instincts protecteurs de l'autre.
Cette séduction est narcissique.
Il s'agit de chercher dans l'autre l'unique objet de sa fascination, à
savoir l'image aimable de soi. »

(Marie-France Hirigoyen)

13.

Hyper « sexe »

Avec la montée en puissance d'une hypersexualisation[1] des rapports interpersonnels, un vent régressif souffle sur les acquis en matière d'égalité des sexes. La femme actuelle s'impose de répondre à l'obligation sociale d'être sexualisée pour plaire. « *Les Nouvelles Salopes* »[2] sont dans une surenchère à qui est la plus sexy, la plus provocante et surtout la plus « trash ». « *Ces normes corporelles apparues dans les années 90 sont directement issues de l'industrie du porno* », souligne Richard Poulin, professeur de sociologie à l'Université d'Ottawa[3]. L'univers du X domine tous les désirs et tous les fantasmes et les designers, Calvin Klein en tête, n'hésitent pas à franchir la limite entre mode et pornographie pour vendre jeans, sous-vêtements et parfums. Le sexe faible est le sexe fiable.

Carrefour de projections multiples dans l'imaginaire collectif, il faut aussi que la femme soit toujours plus jeune pour être toujours plus désirable. Seins trop petits, hanches trop larges, preuve de l'intériorisation de ces nouveaux codes, l'esthétisme sévit à présent aussi sous les jupes. Nouvelle tyrannie des apparences véhiculée par des icônes comme les sœurs Kardashian, l'industrie de la

1. L'hypersexualisation se caractérise par un usage excessif de stratégies axées sur le corps dans le but de séduire.

2. « Les Nouvelles Salopes », Ariel Levy, Éditions Tournon Carabas, 2007.

3. « Sexualisation précoce et pornographie », Richard Poulin, Éditions La Dispute, 2009.

beauté investit dans des lignes de maquillage et soins vulvaires. Et plus rien n'arrête les marques dont le business est florissant. Après la gélule remplie de paillettes comestibles à insérer dans le vagin, créée par une société américaine, une entreprise scandinave, « *The Perfect V* », a, pour sa part, développé toute une gamme de produits destinés au vagin. Au programme dans la culotte : sérum raffermissant, enlumineur et autres baumes.

Les chirurgiens esthétiques ne sont pas en reste. La pratique existait déjà sous le terme de « réjuvénation vaginale » et concernait essentiellement les femmes matures qui, après un ou plusieurs enfants, souhaitaient « lifter » leurs lèvres vaginales distendues. Historiquement courante également chez les actrices de films X, désormais, la labioplastie est pratiquée par des jeunes filles dès l'âge de 18 ans, voire même à partir de 14 ans dans des pays comme la Colombie, qui autorise la chirurgie esthétique sur mineurs. Si l'opération est fortement déconseillée sur des patientes encore en pleine croissance à moins d'un problème médical, en 2015 et 2016, plus de deux cents mineures y auraient eu recours rien qu'en Angleterre.

Flagrant également dans cette course effrénée au jeunisme, l'âge des mannequins que se disputent les maisons de Haute Couture. Sur les podiums, des Lolitas qui flirtent, en mode « *Thigh Gap* »[1] avec une anorexie glamour. Quête de jeunisme et filles « pas encore utilisées », la logique de la mode se heurte à l'enfance. Prépubère, le nouvel idéal féminin s'éloigne des formes ancestrales breugheliennes qui font la Femme pour se rabattre sur la femme enfant. Inversion des rôles, les physiques adolescents sont devenus les nouveaux modèles des adultes. Et c'est tout un marketing qui opère. Soin du visage « charlotte aux fraises », enveloppement au « chocolat des îles », les centres spa pour enfants ont la cote. Apprentissage du bien-être et prise de conscience de son corps,

1. Thigh Gap : un espace entre des cuisses qui, pieds serrés, ne se touchent pas.

disent les instigateurs du concept, attention à une sexualisation précoce sur fond commercial, répondent les psys. Derrière le côté ludique d'une telle activité, quel message lourd de sens est induit aux enfants ? Il y a trente ans, les filles jouaient à la poupée et rêvaient à leur « premier baiser ». Aujourd'hui, elles participent à des concours de mini-miss dès l'âge de 4 ans, les magasins de lingerie vendent des soutiens-gorges rembourrés taille 6 ans et les magazines pour teenagers expliquent quel sex-toy choisir pour ne pas être « *has been* » la première fois. Pour Claude Halmos, psychanalyste spécialiste de l'enfance[1], la beauté n'est pas un jeu d'enfant et cette codification érotique précoce du corps est toxique pour grandir.

Dans cette même mouvance commerciale, l'été 2011 est celui de tous les scandales pour le magazine *Vogue France*. À l'occasion de la sortie d'un numéro spécial enfant, la rédaction réalise une série de clichés décriés avec Thylane Léna Rose Blondeau, un modèle de 10 ans, fille de l'animatrice de télévision Véronika Loubry. Talons hauts, robe imprimée léopard, shootée dans des postures lascives et suggestives, l'enfant renvoie une image à connotation appétissante dérangeante.

L'enjeu sexuel n'est pourtant pas anodin. Les enfants hyper « sexe » sont assimilés à des produits consommables. Effet pervers, quand une très jeune fille met un string, elle n'associe pas forcément son geste à l'aspect érotique que peut avoir ce bout de ficelle dans le regard voyeur que lui porte un homme. Le diagnostic de Didier Lauru, psychiatre, est sans appel. Il compare cette intrusion à flot continu de la sexualité adulte dans l'enfance à de l'« *abus sexuel psychique* ».[2]

---

1. « Dis-moi pourquoi. Parler à hauteur d'enfant », Claude Halmos, Éditions Fayard, 2012.

2. « La sexualité des enfants n'est pas l'affaire des grands », Didier Lauru, Éditions Hachette, 2008.

Une intrusion qui abuse aussi les adolescentes quant à une conception du rapport sexuel complètement déconnectée des autres domaines de la vie. Au placard « *Le Petit Prince* »[1], *one shot*, coup d'un soir, le « Plan Cul »[2] permet de coucher sans s'attacher. Il peut même être géolocalisé à moins de cent mètres à pied. La nouvelle génération est celle de la « *Sex Friend Attitude* ». Le mot d'ordre, le dé-ta-che-ment. Le but avoué : faire le job, point ! Plan bouffe, plan bar, plan sport, la coucherie éphémère, à deux voire en triolisme, est devenue un style de vie, le sexe juste pour le sexe, symbole d'une conquête de liberté.

Euphorisante, lever ses inhibitions et augmenter le plaisir, l'heure est à la performance sexuelle « express ». Une inspiration dans chaque narine, selon les chiffres de l'Observatoire Français des Drogues et Toxicomanies (*OFDT*), les 15-25 ans sont de plus en plus nombreux à tester le *poppers*[3], une substance aux effets aphrodisiaques qui accélère le rythme cardiaque, « dilate » et optimise les exploits sexuels. Elle serait même la drogue la plus consommée dans cette tranche d'âge après le cannabis. Orgies chimiques et sexualité narcotique, le *chemsex,* soit avoir des rapports sous l'emprise de psychotropes, se démocratise lui aussi.

---

1. « Le Petit Prince », Antoine de Saint-Exupéry, 1943.

2. « Le Plan cul - Ethnologie d'une pratique sexuelle », Jean-François Bayart, chercheur au CNRS, Éditions Fayard, 2014.

3. Les premières utilisations du poppers remontent en 1800. À l'époque, un physicien écossais utilise ces nitrites afin de soigner des angines, puis les maladies cardiaques, en misant sur la dilatation des artères. C'est lors de la guerre au Vietnam que ces vapeurs se refirent une santé. À la recherche de toutes les drogues possibles et imaginables pour oublier l'enfer qu'ils vivaient, les GI's se tournent vers cette petite fiole, mais aussi vers l'opium, les amphets et l'héroïne. À partir de 1974, les poppers devinrent omniprésents dans les sphères gay, bars, boites et autres, avant d'être accessibles à l'achat par le grand public dans les sex-shops et sur Internet.

Grand bémol, aussi fugace que ses effets, la part de diablerie enlevée, le plan cul ne fait que peu fantasmer le sexe féminin sur l'échelle de l'« *Orgasm Gap* »[1]. La femme se retrouve prise en sandwich entre ce que l'on attend d'elle de par ce qu'elle inspire plastiquement et la nature proprement libidinale de sa sexualité. Et la prise de conscience peut être claque. « *Lorsque je me suis demandé depuis quand je n'étais plus tombée amoureuse avec ce plaisir si doux d'aller main dans la main au ciné, j'ai réalisé que, pendant deux ans, j'avais passé mes week-ends dans des appartements avec des gens uniquement pour le sexe...* »[2]

1. « Orgasm gap » : les femmes sont 10 % à avoir un orgasme la première nuit, 17 % la deuxième nuit, 31 % la troisième nuit et 67 % la quatrième nuit. Les hommes, eux, partent directement à 31 % pour se stabiliser ensuite à 85 %.

2. Breezy17 sur www.forum.ados.fr

« C'est le destin du sexe de paraître moins romantique que le désir »

(Rudolph Otto)

14.

Le hard corps, official sponsor

Tremplin de carrières, accélérateur de start-up, développeur de spin off, du magnétoscope au téléchargement, si la pornographie représente un segment de marché « poids lourd », avec un taux de pénétration exponentiel, le sexe se fait également office de souteneur officiel.

Sport et porno, l'union n'est pas insolite. Lors du Paris-Dakar 2012, le n° 1 européen du film X, Marc Dorcel, crée le buzz en sponsorisant à hauteur de vingt mille euros le motard Hugo Payen. Sa *Yamaha 450 WR-F*, qui porte le numéro 69, arbore sur son carénage repeint la silhouette grandeur nature dénudée d'Anna Polina, une star du porno franco-russe de 22 ans. Même formule consacrée pour Julien Maurice, un pilote de rallye automobile basé dans les Vosges. En 2016, sa *Renault Clio* est sponsorisée par « *Jacquie et Michel* », le Roi du porno amateur. La sulfureuse plateforme en ligne n'en est pas à son coup d'essai. En 2015, elle devient maillot d'un club de football évoluant en 7e division de Villers-devant-Orval, en province du Luxembourg. La même année, les trublions du porno nouvelle vague décident de remettre le couvert et jettent leur dévolu sur une équipe de rugby féminin, l'Union Sportive de Sadirac XV. Une seule condition : les joueurs et joueuses doivent, avant le début de chaque match, crier : « *Merci qui ? Merci Jacquie et Michel !* »

Nouveau support visuel, les fesses des sportifs ne sont pas épargnées. Le postérieur des champions vaut son pesant d'or.

Du fabricant de croquettes pour chien au spécialiste du pneu, le marketing *chute de reins* est une tendance durable. Le rugby australien est l'un des premiers à s'être ouvert au concept avec la marque de sous-vêtements *AussieBum*, littéralement « cul australien ». Le cyclisme est également une référence en la matière. D'après une étude de *Repucom*, le leader mondial dans l'évaluation et l'enquête sur le sport, le haut du cuissard est l'espace publicitaire le plus vu par les téléspectateurs. Et pour cause, la télévision filme les cyclistes de dos, penchés sur leur machine, la plupart du temps.

Mais quand on parle de « *Bum bum* »[1], on pense aussi beach-volley et les clichés sexuels, comme les plans télévisuels serrés, ne sont pas loin. Nul besoin d'être prix Nobel des mathématiques de la surface exploitable pour comprendre le point de vue des caméramans. Et ce regard a un prix. Si, en 2015, figurer sur le short des volleyeurs français coûte douze mille euros annuels, le même emplacement sur les fesses des volleyeuses de Cannes revient à cinquante mille euros.

Des fesses également séquestrées par le monde du « Fashion-avare ». Après l'« *underboob* »[2], arboré au bord des stades par les pom-pom girls, l'« *underbutt* », le décolleté qui laisse découvrir le pli des fesses sous un short ou sous une jupe, est le nouvel appât commercial. Et quand le séant féminin se voit affublé d'un code-barre, comme sur les affiches de rue lancées par *Victoria Secret's* en 2011, il devient « *Street Marketing* ». On allume le smartphone, un petit coup de scan sur le popotin et le top model se retrouve dans la même pose en téléchargement, (dé)vêtue de pièces en dentelles. « *Nous voulons attirer le regard* », avait assuré

1. *Miss Bum Bum* est un concours annuel qui vise à désigner les plus belles fesses du Brésil.

2. La mode de l'« underboobs », que l'on peut traduire tout simplement par dessous des seins, consiste à porter un décolleté ouvert qui laisse apparaitre le dessous des seins et non plus le dessus.

le porte-parole de la marque. Le degré de cambrure d'une femme étant le summum de la féminité pour 90 % des hommes, le pari de miser cette partie anatomique fétichisée ne pouvait être que facilement gagnant !

Gagner du pied et emporter la coupe, c'est effectivement ce qu'espèrent tous les footballeurs de haut niveau. Mais lorsque le sexe se fait touriste, les gains sous la ceinture peuvent être multiples lors des coupes du monde de football. En 2014, au Brésil, l'exploitation sexuelle est sportivement organisée à coups de matraquage commercial. Depuis l'annonce que Belo Horizonte, la capitale de l'État de Minas Gerais, dans le sud-est du pays, sera une ville hôte du tournoi, les quatre mille travailleuses du sexe de la région se préparent au Mondial et espèrent une hausse de 30 % de leur clientèle pendant la compétition. Et comme les joueurs, elles se préparent pour mieux répondre aux exigences des gringos, ce qui profite aussi au système qui s'en nourrit. Mondialisation du sexe, le business est en marche. Afin de passer la barrière de la langue, un « *Look Book Puta* », un guide de poche visuellement illustré, liste toute une série de positions amoureuses qu'il suffit de pointer du doigt si on ne se comprend pas. Et la « *Caixa Econômica Federal* », la banque publique brésilienne, offre aux clients la possibilité de payer par carte de crédit, en trois fois et sans frais.

« Bordels, sport et défoulement »[1], ce n'est pas la première fois que la corrélation entre le sport et le commerce sexuel suscite la polémique. En 2006, en Allemagne, l'annonce de la construction de lupanars géants, véritables drive-in du sexe aux abords des stades, provoque un véritable tollé. « *Autant que vous le voulez, aussi longtemps que vous le pouvez, avec qui vous le voulez* » est le

1. « Bordels, sport et défoulement masculin », Richard Poulin, Le devoir, 24 décembre 2007.

slogan surréaliste de ces « *Flatrate-bordells* » (bordels à volonté) qui proposent à leurs clients un forfait « *All-In* ». Certaines maisons affichent même une formule « *happy hours* » en milieu de journée. À l'époque, quarante mille femmes des pays d'Europe centrale et de l'Est auraient été « déportées » vers l'Allemagne pour y être prostituées.

Si Patricia Floreiu, tenancière d'un bar à filles, le « *PussyClub* », à Berlin, estime qu'il s'agit d'une simple action marketing pour faire tourner sa boutique, dans une lettre ouverte adressée à Zinédine Zidane, des associations dénoncent ces « McDo du sexe » et lui demandent de prendre position. Même si le jogging booste la libido, acheter du sexe n'est pas un sport. Le champion restera, en retour, silencieux. À se demander finalement si, comme le préconisait Pierre de Coubertin, l'essentiel n'est pas de gagner, mais de « participer ».

15.

Hymen à vendre

Symbole de pureté, verrou violable sous conditions religieuses ou éthiques inculquées de belle « première fois », la virginité semblait être jusqu'à il y a peu le dernier bastion intime non monnayable. Et pourtant, elle n'échappe désormais plus au phénomène de libéralisation économique à outrance. Certaines jeunes femmes, conscientes de l'attrait d'un terrain en friche, mythe patriarcal par excellence de l'accès « privilégié », vendent à prix d'or cet instant unique de leur vie.

C'est en septembre 2008 que Natalie Dylan (22 ans) fait sensation dans le célèbre show radio-télé de Howard Stern, l'animateur le plus déjanté des États-Unis. Inquiète à l'idée de ne pouvoir financer ses études, elle offre la défloraison de son hymen en direct sur la chaîne. Cinq mois après avoir mis aux enchères sa première nuit sur eBay, la jeune Californienne originaire de San Diego affirmera avoir reçu dix mille propositions, dont l'une qui s'élevait à près de trois millions d'euros. En 2009, c'est Raffaella Fico, top model italien et star de Big *Brother* Italie 2008, qui joue le jeu à son tour. Son rêve : s'acheter une maison à Rome et financer ses cours de théâtre. Résultat, 1,3 million empochés. Pour Graciela Yataco, une jeune équatorienne résidant en Espagne, les desseins du pari sont moins roses : sa mère est gravement malade. Elle doit assumer seule le paiement des factures qui s'accumulent, tout comme l'éducation de son jeune frère. Quant à Catarina Migliorini, elle fera plus dans l'humanitaire. En 2012, cette étudiante brésilienne proposera sa virginité pour pouvoir reconstruire des maisons dans les villages pauvres du Brésil. C'est un Japonais qui raflera la mise en offrant plus de cinq cent mille euros à la demoiselle. Depuis ces premières ventes, plusieurs jeunes vierges aux motivations diverses et variées ont emboîté le pas sur le Net. En janvier 2013, c'est « Princesse Cindy », une Bruxelloise de 24 ans, désespérée de ne pas avoir encore rencontré l'âme sœur, qui vend son intime. Et afin de s'assurer un bon retour sur investissement, son blog « *Buy me now* » est disponible en 28 langues.

Dans la foulée du buzz, le ratio de rentabilité du concept n'a pas échappé à une agence allemande, *Cinderella Escorts,* créée par Jan Zakobielski (26 ans) qui réalise ses transactions depuis sa chambre dans la maison de ses parents, à Dortmund. Sur son site, une douzaine de profils. En 2017, c'est Alexandra Khefren, une jeune Roumaine de 18 ans qui touche le jackpot. Elle trouve un homme d'affaires fortuné qui emporte le marché pour 2,3 millions d'euros à devoir débourser. Déduction faite des 20 % qu'elle doit à son intermédiaire, la jeune femme va pouvoir faire des études de marketing et de business à Oxford et acheter une jolie maison cossue à ses parents.

Est-ce le retour d'une nouvelle forme de dot[1] adaptée au marché du désir moderne ? Plus pragmatiquement, ces jeunes femmes semblent trouver dans l'échange une alternative à l'aliénation du salariat. « Princesse Cindy » l'assumera par voie de presse : « *Allez, je me dis : c'est la crise. Les gens bossent comme des dingues. Qu'est-ce que je vais faire ? Travailler dans un bureau pour peut-être 1 200 euros par mois. Comment tu veux qu'un jour j'achète*

1. Dot : biens qu'une femme apporte en se mariant. Chez les premiers Grecs, chez de nombreux peuples, prix payé par le futur mari à la famille de la jeune fille.

une maison, que je gâte mes proches ? Je me dis que, de nos jours, une fille mignonne, de 24 ans, européenne, encore vierge et prête à assumer publiquement de se vendre comme un bout de viande, ça ne court pas les rues. On me demande à chaque fois : « Est-ce que tu n'as pas peur de donner le mauvais exemple ? » Mais quel exemple ? S'envoyer en l'air à l'âge de 12 ans sur la banquette arrière d'une voiture avec le premier imbécile de boutonneux venu, sincèrement, ce n'est pas mieux ! Moi, je n'en connais pas beaucoup des filles qui sont encore vierges à l'âge de 18 ans. J'ai la tête sur mes épaules, je ne suis pas cinglée, je ne suis pas handicapée. Depuis toute petite, j'ai tellement voulu être connue et célèbre et, tu vois, je n'ai pas de talent particulier. Je ne sais pas danser, chanter, ni jouer la comédie, c'est la seule chose qui me différencie des autres à l'heure actuelle, donc je veux vraiment m'en servir. Si la société appelle cela de la prostitution, tant mieux pour elle, cela ne me dérange pas. Mais je me dis qu'en une nuit, un gros coup, je peux changer ma vie du jour au lendemain. »

Vous êtes vêtus d'indécence, déshabillez-vous ! Avec un soupçon de cynisme édulcorant, rien de répréhensible en somme dans « *Proposition indécente* »[1]. Tout est question d'angle. Qui condamnerait, en effet, un homme riche qui tire profit de la détresse matérielle d'une jeune femme, alors que cet homme riche prouve sa générosité ? Et quelle féministe jetterait la pierre

1. « Proposition indécente » est un film américain d'Adrian Lyne, réalisé en 1992, sorti en 1993 et dont les acteurs principaux sont Robert Redford, Demi Moore et Woody Harrelson. Synopsys : camarades de collège, Diana et David Murphy se sont mariés très jeunes et éprouvent l'un pour l'autre un amour grandissant. Mais leurs professions sont frappées par la récession. Pour faire face aux traites, il leur faut réunir d'urgence 50 000 dollars, qu'ils comptent gagner en jouant à Las Vegas. Là, ils ne tardent pas à tout perdre. John Gage, un milliardaire étrange et séduisant, fait à David une surprenante proposition : un million de dollars en échange d'une nuit d'amour avec Diana.

à une femme libérée qui vend son intimité pour une nuit, mais tire son épingle du jeu en mettant le riche à ses pieds, passant d'objet de transaction sexuelle à celle qui porte la ceinture et tient la laisse bien serrée ? « *Sur fond de dérèglements environnementaux et de maladies du siècle, l'indécence s'est invitée dans toute la culture occidentale. En quelques décennies ont été balayées des valeurs qui structuraient la personne et la vie sociale depuis des siècles pour laisser place à l'individualisme outrancier, la rentabilité et la jouissance immédiate.* »[1]

1. « Indécence », Willy Deweert, Éditions Mols, 2012.

« L'indécence, le défaut de pudeur,
sont absurdes dans tout système.
Dans la philosophie qui jouit, comme dans celle qui s'abstient. »

(Sébastien-Roch Nicolas de Chamfort)

16.

Objectùm-sexualité

Selon des statistiques stables, 40 % de la population européenne est célibataire et 46 % de ces célibataires se disent satisfaits de vivre leur vie en solo. Constatation frappante : les femmes européennes (53,6 %) sont plus heureuses de ce statut de célibataire que les hommes (42 %).

Mais, aux antipodes de la femme moderne qui assume de coucher sans lendemain, le manque de sexe, imposé et non choisi, peut devenir isolement. Certaines trentenaires, parce que leur image n'est pas en phase avec les codes actuels du désir, ne séduisent ni dans la vraie vie ni sur les sites de rencontres. Désabusées par l'absence de rigidité mécaniste, considérées comme des handicapées des sens, devant les sommations à l'orgasme qui jaillissent dans les médias, elles se taisent et souffrent en silence de ne pas répondre à ce pacte sexuel. « Tyrannie du plaisir »[1] socialement imposée, elles sont soustraites à la « *liberté sexuelle, une convention, une obligation, un devoir social, une anxiété sociale, une caractéristique inévitable de la qualité de vie du consommateur* ».[2]

Cindy n'est pas une Australienne comme les autres. Le 28 juin 2013, elle épouse un édifice français datant du XIVe siècle, situé dans les Pyrénées orientales. Pour cette union, pas d'échange de

1. « Tyrannie du plaisir », Jean-Claude Guillebaut, Éditions Le Seuil, 1999, prix Renaudot de l'essai 1998.

2. « Écrits corsaires », Pier Paolo Pasolini, Éditions Champs Art, 2009.

consentements, mais une jolie déclaration d'amour de la part de la jeune mariée : « *Le pont du Diable est tout ce que je peux désirer chez un mari. Vigoureux, loyal, sensuel, doux et protecteur. Il est fort et silencieux. Il a aussi la longévité de son arche dressée depuis six cents ans et qui se dressera encore dans six cents ans.* » Au printemps 2017, l'histoire de Carol Santa Fe fait des vagues outre-Atlantique. Cette Californienne débarque en Belgique pour déclarer sa flamme et s'unir à la gare de Liège. « *Je lui ai dit que je voulais être sa femme, c'était le plus beau jour de ma vie* », expliquera la jeune femme par voie de presse. « *Je lui fais même l'amour. Il y a un endroit où deux murs se rejoignent et où nous avons un jardin secret. J'y vais tous les jours pour la toucher.* »

« Objectophiles », Cindy et Carol ne désirent sexuellement que des objets inanimés. Et cette orientation n'est pas exclusivement féminine. En 2009, un Nigérian de 26 ans, Okeke Ikechukwu, épousera son coussin. Son explication pour cette attirance : il était bègue et les femmes se moquaient de lui à chaque fois qu'il essayait de leur parler. Le 22 mars 2012, Nathaniel lui emboîtera le pas. Mécaphile, il s'unira à Chase, sa voiture, une *Chevy Monte-Carlo* de 1998. Cette union donnera lieu à un reportage surprenant sur une grande chaîne américaine de télévision : « *My car is my lover* ». Le maître à penser de Nathaniel : Edward Smith, un Britannique de 66 ans qui affirme avoir fait l'amour à plus de sept cents bolides. Audacieux, il se serait même accouplé un jour avec un hélicoptère d'attaque. Sentimental, l'homme avouera toutefois au « *The Mirror* » être toujours amoureux de sa première conquête, « *Coccinella Vanilla* », une *Volkswagen* de 1965.

Si la tendance peut faire sourire, l'objectùm-sexualité est la conséquence directe de relations sociales déshumanisées et basées majoritairement sur le sexe. Selon une étude de l'Université de Harvard[1], l'objectophilie est un mécanisme de protection

1. « Social Cognition Unbound: Insights into Anthropomorphism and Dehumanization », Adam Waytz, Nicholas Epley, John T. Cacioppo, Harvard University.

qui s'explique par une carence affective majeure générée par le sentiment de solitude et d'abandon. « *Nous avons tous besoin d'appartenir à quelqu'un, d'entrer en relations. Instinct de survie, lorsque les gens sont privés de connexions avec d'autres êtres humains, ils créent des connexions avec des non-humains par le biais de l'anthropomorphisme*[1]. »

Une des pionnières, devenue célèbre, de ce penchant est Eija-Riitta Eklöf, une Suédoise qui épousera, en juin 1979, le Mur de Berlin et changera son nom de famille pour celui de Berliner-Mauer. Dix ans plus tard, le Mur de Berlin tombera et sera vendu par morceaux dans le monde entier. C'était le 9 novembre 1989. Eija-Riitta restera seule, le cœur brisé. Jeune veuve, elle se remariera ensuite avec une barrière rouge, logo actuel de la communauté des « objectùm sexuels »[2].

Max Weber, précurseur de la sociologie compréhensive, a tenté dans ses contributions d'expliquer le sens de la plupart de nos relations à autrui en usant du prisme des stratégies individuelles ou collectives de domination selon un « idéal type ». « *Lost in translation* »[3], que dire alors de nos relations aux objets singuliers

---

1. L'anthropomorphisme est l'attribution de caractéristiques du comportement ou de la morphologie humaine à d'autres entités comme des dieux, des animaux, des objets, des phénomènes, voire des idées.

2. www.objectum-sexuality.org

3. « Lost in Translation » est un film américano-japonais de Sofia Coppola, sorti en 2003. Cette comédie dramatique est le deuxième film de la réalisatrice, qui en a également écrit le scénario en s'inspirant de ses séjours au Japon. Le film a pour thème la rencontre dans un hôtel de Tokyo de deux Américains, interprétés par Bill Murray et Scarlett Johansson, perdus au sein d'une culture qui leur est totalement étrangère ainsi que dans leurs propres vies et qui nouent un lien particulier. À travers leurs expériences, le film propose une réflexion sur l'isolement, le mal-être, la culture japonaise et le langage.

dans un monde où la sexualité obligatoirement épanouie est devenue norme et où nous nous transformons nous-mêmes en marchandises pour entretenir des relations avec d'autres marchandises plutôt qu'avec des êtres humains ?

« Il n'y a pas de pire dépossession, de pire privation peut-être, que celle des vaincus dans la lutte symbolique pour la reconnaissance, pour l'accès à un être socialement reconnu, c'est-à-dire, en un mot, à l'humanité »

(Pierre Bourdieu)

17.

Liberté chérie

Donner du plaisir et accessoirement « prendre son pied »[1], certaines femmes lèvent librement l'option d'en faire leur *Core Business.* « *Oui, j'aime être une pute et alors ?* » : Karen (34 ans), secrétaire médicale diplômée, est aujourd'hui une professionnelle du sexe et l'assume depuis son divorce. « *À la base, ma motivation a d'abord été pécuniaire. Mais, j'ai aussi gagné en souplesse horaire et je suis mon propre patron. Mes factures sont réglées rubis sur l'ongle et je peux me faire plaisir de temps en temps. Je ne vois donc pas la transaction sexuelle comme une aliénation. C'est un métier comme un autre. Arrêtons de moraliser la sexualité des femmes ! En quoi est-il plus asservissant d'écarter les cuisses pour de l'argent que de récurer les toilettes d'un inconnu pour payer son loyer ? Si une femme préfère tailler des pipes, plutôt que de passer des codes-barres à la caisse d'un supermarché, personne ne peut s'attribuer la prérogative de la condamner. Je fais encore ce que je veux avec mon cul. Et je considère que j'appartiens à une élite qui le fait, sans être forcée de le faire.* »

La prostitution étudiante ne rime pas forcément non plus avec désenchantement et précarité. Depuis qu'elle a 18 ans, Ludivine

1. « Prendre son pied », est une expression qui remonte au XIXe siècle. Cette unité de mesure remonte à l'époque des corsaires. Pour se répartir l'or, ces derniers le divisaient en petit tas équitables d'une taille d'un pied (environ 33 cm). Les pirates prenaient ensuite ce « pied » pour s'offrir la compagnie de prostituées. Le lien avec la dimension sexuelle de l'expression est fait.

(23 ans) a des rapports sexuels tarifés avec des inconnus qu'elle sélectionne scrupuleusement. Libertine, elle aime le sexe et l'argent. Depuis, elle n'a plus jamais arrêté et cela lui plaît. «*J'ai couché avec vingt-deux partenaires au cours des deux premiers mois d'activité. J'ai pris mon pied et j'ai gonflé mon compte en banque. J'ai été à Monaco en jet privé. J'ai passé une semaine à Dubaï chez un cheikh. J'ai vécu des expériences torrides, inattendues qui ont assouvi mon imaginaire et il est débordant! Depuis peu, j'ai un job full time et j'ai pris un autre rythme de croisière. Mais, je continue toujours en dilettante. Mon loisir sexuel est aussi mon gagne-pain. Je suis payée pour jouir. Où est le problème? Et je continuerai aussi longtemps que ça me plaira. Je n'ai pas de date de péremption!*»

Hors de question également pour Gabrielle Partenza, prostituée volontaire depuis l'âge de 19 ans et fondatrice de l'association ANA[1], d'avoir une vision misérabiliste du métier. Une carrière complète dans le tapin et aucun regret. Elle est entrée dans la prostitution «*comme on entre dans les ordres*[2].» Elle voulait mettre de l'argent de côté pour devenir médecin. Elle sera thérapeute de vie à sa manière. «*J'assume tout. Pute, je le serai toujours, dans ma tête, dans ma façon d'être, d'agir et de penser. Je n'ai pas mis d'argent de côté, mais j'ai bien vécu. J'étais libre. Libre de me lever, de ne pas me lever, d'y aller ou pas, deux heures seulement ou six. La prostitution ne m'a pas esquintée. Les gens, oui, ceux qui se permettent de juger. Du travail du corps au corps du travail, la prostitution est un art de vivre, un état d'esprit. Loin des clichés critiques de la communauté, je considère le trottoir comme un lieu d'expression et de liberté.*»

---

1. ANA (Avec Nos Aînées) est une association française, née en 2005, qui a pour but d'aider les prostituées âgées à sortir de la prostitution, leur faire obtenir leurs droits, les accompagner dans toutes les démarches médico-sociales et briser la solitude.

2. «Liberté chérie», portrait de Gabrielles Partenza, documentaire réalisé par Estelle Beauvais, 2013.

À l'instar de Gabrielle, pour Sonia Verstappen, « La pute Bruxelloise »[1], les années d'activité ont été université. Rideaux tirés de sa vitrine du quartier Nord depuis 2011, elle a toujours insisté pour garder son titre, celui-là même qui lui a donné sa « colonne vertébrale »[2], trente-six ans de prostitution au compteur. « *Je suis une putain et je fais du bien !* » Anthropologue, porteuse d'un certificat universitaire en « Santé mentale, multiculturalité et précarité », elle se raconte sans tabou, chez elle, installée au fond de son canapé, une inexorable cigarette allumée suspendue au coin des lèvres. « *La prostitution choisie est une forme de réparation*[3], *tant pour le client que pour la prostituée libre. Les hommes qui s'offrent un rapport payant viennent indéniablement chez la pute pour chercher quelque chose. Nos bras servent à compenser des manques en retour. Et le sperme qu'ils me déversent, c'est souvent des larmes qui n'ont pas coulé, parce que culturellement, un homme s'interdit souvent de pleurer. Dès l'enfance, il doit être mâle. Un homme n'est pas un "phallus sans visage". Carcan éducatif, mal-être professionnel, épouses castratrices, je soigne en quelque sorte avec mon vagin ce que les psys, en entretien, traitent avec leur bouche. Je leur offre une sorte de "bienfait psychologique". Et sans qu'il soit ici question de morale, la prostituée y trouve également son compte, dans la mesure où elle sort du rapport classique de domination homme/femme en ayant le contrôle sur la prestation sexuelle, une liberté également acquise par l'autonomie financière que procure le métier. Un acte libertaire révolutionnaire ! Or, les institutions n'aiment pas les rebelles. Vouloir échapper aux conventions sociales dans notre société devient de plus*

1. « La leçon d'amour de Sonia, la pute de Bruxelles », documentaire réalisé par John Paul Lepers, 2009.

2. « Sonia », documentaire réalisé par Nathalie Delaunoy, 2004.

3. « La prostitution : Une forme de réparation ? », Certificat universitaire – Santé mentale en contexte social : Multiculturalité et Précarité, Sonia Verstappen, 2007.

en plus un délit et le plaisir est perçu comme dangereux, car il rend les individus libres. Il leur permet d'être eux-mêmes. »

Militante acharnée, si la passe implique un contrat dans un cadre bien défini, « Tu me paies, je te donne », Sonia revendique aussi qu'une prostituée puisse parler d'amour. « *Une travailleuse du sexe n'est pas qu'une putain. Elle est avant tout une femme. Une femme amoureuse, une mère, une grand-mère, qui donne et qui reçoit de l'amour. Et je reçois beaucoup d'amour. Les hommes me désirent, me témoignent du respect et il y a aussi de la tendresse. Au risque de choquer tous les coincés du cul et du cœur, l'humanité et la bienveillance prennent ici tout leur sens. Toutes les putes ne sont pas des victimes et tous les clients ne sont pas des bourreaux.* »

« Du point de vue moral, les problèmes n'ont qu'une solution,
Du point de vue de l'éthique, les problèmes ont une multitude de solutions.
La morale est une notion qui s'impose à vous parce qu'il y a des devoirs inconditionnels.
Avec l'éthique, chacun choisit. »

(Marcel Conche)

18.

Dodo, proxénète « humaniste » ?

La culture du corps libre, Dominique Alderweireld (68 ans), dit « Dodo La Saumure », la pratique lui aussi, ou plutôt, l'orchestre. Ce propriétaire de maisons closes devenu célèbre pour son implication supposée aux côtés de Dominique Strauss-Kahn[1] dans l'affaire du Carlton de Lille se dit souteneur et non proxénète. Déjà à la tête de plusieurs antres de joie, salons de massage et bars montants, l'homme surfera sur la vague en 2014 et jouera la carte de la confusion. Il ouvrira, avec son associée et compagne Béatrice Legrain, un nouveau bar à hôtesses sur la commune de Blaton, près de Tournai : le *DSK (Dodo Sex Klub)*, un « *table dance* » où les filles se trémoussent nues pour « *présenter la marchandise avant* » selon ses propres termes. Le décor est planté.
« *Mon surnom vient de la saumure, cette solution saline servant autrefois à conserver anchois, barbeaux, harengs et maquereaux. C'est l'espèce à laquelle j'appartiens ! Lorsque l'on a les arêtes qui poussent, on devient un mac et je prends ce sobriquet comme une marque de respect dans le milieu* ». Et le milieu, Dodo le connaît comme sa poche depuis son premier bar, le « *Gypsy Club* », ouvert, en France, au début des années 70. « *C'était un bar semi-montant. La loi française interdit les bordels. Les gâteries étaient par contre*

1. Dominique Strauss-Kahn est directeur général du Fonds monétaire international (FMI) du 1er novembre 2007 au 18 mai 2011, date de sa démission après sa mise en cause dans le cadre d'une accusation d'agression sexuelle à New York. Il bénéficiera d'un non-lieu le 23 août 2011.

tolérées dans le salon et au bout d'une dizaine de bouteilles, on pouvait monter discrètement pour un moment d'intimité. Cocasserie, le bâtiment que je louais appartenait à l'époque à l'archevêché de Lille. J'ai même le souvenir d'un homme en soutane qui venait régulièrement nous rendre visite à vélo. »

Après avoir ensuite sévi dans le secteur des machines à sous en région lilloise[1], Dodo débarque en Belgique dans les années 90 et y tient sa première maison de passe. Mons, Couvin, Renaix et Tournai, il totalisera, à une certaine époque, dix-neuf établissements faisant travailler plus de deux cent cinquante prostituées. «*Je ne suis pas venu dans votre pays pour le climat, mais parce que tout le monde sait que les bordels y sont autorisés. Par contre, il existe des centaines d'établissements comme les miens et je suis le seul à être perpétuellement poursuivi. On me prend pour l'Al Capone du salon de massage, mais j'ai une grande gueule et je revendique mes droits. Je ne suis pas un maquereau inculte à chaussures bicolores!*» Le Don Corleone du sexe n'est effectivement pas ignare. L'homme est diplômé d'une école de commerce et titulaire d'une licence en droit obtenue à l'âge de 45 ans. Un tantinet mégalo, il se dit également être un savant mélange de figures historiques: «*À 8 ans, je voulais être Napoléon, à 10 ans Al Capone. J'avais en tout cas une certitude: je ne me voyais pas avoir une vie comme tout le monde!*»

Sorties de routes médiatiques et buzz à répétition, l'homme a gagné ses lettres de noblesse dans le métier et sa grande gueule est son label. « *Côté cul, cessons d'être hypocrites! Le sexe tarifé a toujours existé et si l'on devait jeter en prison tous les hommes qui vont aux putes, il faudrait quelques paquets de barbelés en plus pour ériger des camps! Moi, j'aime deux choses: le sexe et la culture!*

1. «Moi, Dodo la Saumure», Dominique Alderweireld, Éditions Denoël, 2013.

Vous savez, saint Thomas d'Aquin et saint Augustin disaient que le sexe est un mal nécessaire. Ne soyons donc pas plus catholiques que le pape ! Du vivant de Saint-Jacques-de-Compostelle, il y avait même des maisons de passe tenues par des moines et, en Flandre, il existe encore, au moment où je vous parle, un bordel dont les murs appartiennent à l'évêché. »

N'est néanmoins pas tonton flingueur qui veut. « *Beaucoup de gens se lancent dans le métier en croyant qu'ils vont y faire fortune, mais ce n'est pas si facile. Il faut être un bon gestionnaire et surtout trouver du bon personnel, des filles qui ne boivent pas trop, qui ne vous volent pas et qui ont le contact agréable. Je n'ai pas inventé la prostitution. Mon boulot est de l'organiser et de le faire de la manière la plus juste possible.* »

Et le soutien à ses filles, le personnage haut en couleur estime l'apporter avec humanité. « *Toutes celles que j'embauche sont déclarées. Elles ont un statut d'indépendant et sont issues de la Communauté européenne ou possèdent un titre de séjour en règle. La majorité d'entre elles sont Roumaines ou Bulgares. Les Françaises et les Belges ne représentent que 20 % de mes effectifs. Côté rémunération, c'est un peu comme dans une galerie d'Art : le galeriste fournit l'endroit et il prend 50 % sur l'artiste lorsqu'il vend une toile* ».

Pour ce qui est du prix d'une passe, les prestations vont de soixante à mille euros pour une nuit complète et ce n'est pas forcément les plus belles qui ramènent le plus : « *Une fille souriante avec un peu de vice, c'est toujours mieux !* » Quant à leurs motivations, aucune de ces demoiselles ne travaillerait sous la contrainte. Zéro degré d'influence. « *Si elles viennent chez moi, c'est uniquement par adhésion. Certaines le font pour de l'argent, d'autres pour l'ambiance, d'autres encore pour le plaisir, ce plaisir d'avoir du pouvoir sur le client. Qu'importe. Elles sont là et je suis gentil avec chacune d'entre elles. Ce n'est pas comme dans ces réseaux mafieux tenus par les Albanais. C'est un cliché. Vous savez, je leur apporte même des croissants tous les dimanches...* »

En 2015, Dominique Alderweireld sera relaxé dans l'affaire du Carlton. Le *DSK bar* n'est déjà plus. Il a fermé ses portes, mais l'homme ne désespère pas d'ouvrir un *FMI* (*Famous Massage International*). Le 5 février, jour de son anniversaire, il fera le show à la barre devant le président du tribunal correctionnel de Lille. Questionné sur son activité professionnelle, sa ligne de défense est invariable : *« Louer des chambres à des filles. »*

— *Vous les louez combien ?*

— *Entre trente et quarante euros.*

— *Pour la nuit ?*

— *Non, pour le rapport.*

— *Trente à quarante euros après chaque rapport ?*

— *Oui.*

— *Donc, si elle a deux rapports à la suite, elle vous doit quatre-vingts euros ?*

— *Oui, plus cinq euros pour le ménage.*

— *Et vous appelez cela « location de chambre », vous ?*

— *Oui. C'est dans la loi belge. J'ai une jurisprudence de la Cour d'appel de Gand qui m'est favorable.*

— *Combien de filles faites-vous travailler ?*

— *J'peux pas vous dire. Il y en a qui restent une heure, d'autres deux jours, d'autres trois ans. Mes filles, elles travaillent en indépendantes.*

— *Vous utilisez le possessif ?*

— *Comme n'importe quel dirigeant d'entreprise qui dirait « mes » collaborateurs, « mes » associés.*

(...)

— Certaines filles se plaignent de mauvais traitements...

— Il y a parfois des problèmes, oui, quand la « machine à laver ne marche pas », mais quel chef d'entreprise n'en a pas avec ses employés ? On peut prendre l'exemple de la SNCF, il y a beaucoup de suicides, ce n'est pas la faute de la SNCF.

(...)

— Vous avez déclaré que vous avez toujours eu du respect pour les personnes qui travaillent pour vous.

— Absolument. Et cela depuis quarante-cinq ans.

— « On a une négresse ? Le client veut baiser avec une négresse », « Je remonte (d'Espagne) avec du cheptel », c'est bien vous qui vous exprimez de la sorte ? C'est bien vous qu'on entend sur ces extraits d'écoutes téléphoniques ?

— Oh ! J'suis comme ça, monsieur le président, j'fais d'l'Audiard.

— Au fait, c'est quoi votre association « Marie-Madeleine » ?

— Je m'occupe des enfants des filles, je règle les problèmes d'école ou de logement pour elles avec l'échevin.

— Pourquoi avez-vous appelé cette association Marie-Madeleine ?

— Parce que j'ai quelques connaissances théologiques...

Une vision idyllique de la prostitution qui ne semble toutefois pas convaincre la justice. Le 26 juillet 2017, Dodo La Saumure revient sur le devant de la scène. À nouveau inquiété, il est arrêté et incarcéré à la prison de Leuze pour fraude à l'Office national de sécurité sociale (*ONSS*) et traite des êtres humains. Une petite vingtaine de travailleuses non déclarées ont été découvertes lors d'un contrôle dans deux de ses établissements tournaisiens. Certaines étaient en séjour illégal, mais il y avait aussi des Françaises et une Belge, chômeuse et mère de cinq enfants dont le parquet suppose qu'il abusait de la situation précaire. Par voie de presse, il dénoncera « l'hypocrisie de la loi belge sur la prostitution et le proxénétisme », estimant qu'il ne peut pas déclarer son personnel à l'ONSS. « *S'il y a un lien de subordination avec les femmes qui travaillent pour moi, je risque d'être considéré comme proxénète, activité illégale en Belgique.* »

Dodo La Saumure est-il un vrai faux proxénète humaniste ? En septembre 2013, il sera, à tout le moins, condamné par la Cour d'appel de Mons à cinq ans de prison avec sursis pour exploitation de la prostitution. Le tribunal ne retiendra pas, cependant, la circonstance aggravante de traite des êtres humains…

19.

Pour l'amour de mon pimp

Le chemin prostitutionnel est souvent remarquablement similaire pour les jeunes femmes ingénues : fêlures, naïveté, fragilité, domination, emprise. Celle d'un mac déguisé en mécène qui sait parler d'amour et promet une vie de rêve. Loin des images d'Épinal branchées et libertaires, elles subissent par glissements de terrain les humiliations et les pressions de leur séducteur. Et pourtant, elles les ont passionnément aimés ces personnages suffisamment convaincants pour leur faire perdre leurs repères.

Clémence a 21 ans lorsqu'elle rencontre Martin, 38 ans, un photographe. « *J'étais à un tournant de ma vie un peu compliqué. Oscillant entre anorexie et phases de boulimie, je n'avais pas une très haute estime de ma personne et il m'a redonné goût à la vie. Je ne pesais plus que 39 kilos et pourtant, il me trouvait jolie et avenante. Patiemment, il m'a apprivoisée et j'ai été extrêmement touchée qu'un homme puisse voir celle que j'étais au-delà de ma maigreur apparente.* » Mais, rapidement, Martin va traiter Clémence comme une enfant malade que lui seul peut aider. L'asphyxie a commencé. « *Il passait chez moi à l'improviste avec des fleurs, remplissait le frigo, me gavait de vitamines et compléments de toutes sortes et il lui arrivait même de nettoyer. Dans le même temps, il critiquait mes tenues, mon intérieur, mes amis et mes parents, dont les visites n'étaient jamais les bienvenues au bon moment. Et puis, il disparaissait quelques jours, sans donner de nouvelles, pour réapparaître à nouveau et passer des heures sur son ordinateur qu'il m'interdisait d'approcher. Il réitérait par contre tout le temps qu'il m'aimait. Ce chaud et froid soufflé en permanence me déstabilisait. Il y avait tellement d'inconnues dans sa personnalité.* »

Clémence veut percer le mystère. Elle va donc prendre quelques jours de congé et suivre Martin dans ses journées. « *Ce n'est pas bien, mais cette observation va me permettre de comprendre. Au resto avec l'une, à la terrasse d'un café avec une autre, accolades, embrassades, je me suis pris la douche froide. Mon héros, mon sauveur tombait de son piédestal. Je n'étais pas la seule à occuper une place dans sa vie.* »

La jeune femme n'est toutefois pas au bout de ses surprises. « *Lorsque nous nous sommes expliqués le lendemain, il m'a dit que ce n'était pas ce que je pensais. En fait, il prêtait régulièrement son appartement à des escort-girls pour leurs passes et il s'occupait de leurs annonces en ligne payantes. Il avançait l'argent et, en échange, il prenait 30 % de leurs gains. C'était son business et un business très rentable.* »

— *Est-ce que tu te rends compte que tu exploites ces nanas ?*

— *Non, je dirais que je suis en quelque sorte leur assistant social. Sans moi, elles ne seraient rien, tout comme toi d'ailleurs ! Sauf, qu'elles sont plus reconnaissantes que toi par contre...*

— *Pardon ?*

— *J'ai dépensé pas mal d'argent pour t'aider. Il serait peut-être temps de penser à me remercier. On peut imaginer plein de choses...*

Follement amoureuse, Clémence s'incline et obtempère. C'est vrai qu'elle doit être reconnaissante pour tout ce qu'il a fait pour elle. Et un homme, cela se remercie aussi par la satisfaction sexuelle. « *Je savais que Martin était porté sur le libertinage. Je lui ai donc dit que je voulais bien partager du sexe avec d'autres hommes, mais par amour pour lui et seulement avec lui. Il m'a emmenée le soir même dans un club privé et puis le jour d'après et encore le surlendemain. J'aime le contact avec les gens. Donc, jusque-là, cela ne m'a posé aucun problème. On y allait ensemble, on passait une bonne soirée et on rentrait ensemble. Mais le rythme était éreintant et Martin poussait les demandes sexuelles toujours un peu plus loin. Il ne voulait plus être actif. Il voulait regarder en fumant un gros cigare. Il introduisait d'autres personnes dans le circuit. Je me retrouvais parfois avec quatre hommes autour de moi en même temps.* »

Clémence se formate complètement aux désirs de Martin. Elle frise le déséquilibre. Le point de rupture est proche. « *Une fin d'après-midi, il est arrivé à mon appartement avec un inconnu en me disant qu'il avait bouclé un client pour moi. C'était la première fois qu'il employait ce genre de terme. Je n'y ai pas prêté attention et nous avons fait l'amour à trois. C'était pour moi juste une expérience de plus. Sauf que le mec a tendu deux cents euros à Martin avant de partir. "Tu étais prête", sera sa seule réflexion en réponse à mon étonnement. Il avait passé une annonce dans une revue spécialisée dans l'échangisme et je venais de faire ma première passe. Je n'ai pas sourcillé et la chose s'est installée, presque comme une évidence. J'étais bien avec lui et très mal tout à la fois, complètement dépendante et isolée. J'avais basculé par amour dans la prostitution. Comment l'assumer ?* »

N'osant pas solliciter son entourage, pour tenter de s'en sortir, Clémence cherchera des pistes dans la lecture. « *Pour l'amour de mon pimp : six survivantes de la prostitution se racontent* »[1] sera le déclic. « *J'ai compris que Martin était un manipulateur de la pire espèce. Il ne m'aimait pas plus, pas moins, que les autres filles. Nous étions juste son fonds de commerce. Le sevrage a été radical.*

---

1. « Pour l'amour de mon pimp : six survivantes de la prostitution se racontent », José Mensales, Diane Veillette et Guillaume Corbeil, Éditions Publistar, 2015.

J'ai pris mes jambes à mon cou et je l'ai définitivement quitté. »
Seule frustration, les derniers messages échangés :

— *Comment pouvais-tu prétendre m'aimer, alors que tu m'as mise sur le trottoir ?*

— *Je ne t'ai jamais forcé à y aller.*

— *Si je n'y avais pas été, tu m'aurais très certainement quittée…*

— *C'est ce que l'on appelle « assumer ses choix ».*

— *Quand on aime, on n'a plus le choix. Tu as été mon proxénète et je t'ai aimé comme une pute. Je me suis fait baiser dans tous les sens du terme…*

« Tu peux t'éloigner stp,
Mon alarme anti-pute n'arrête pas de sonner »

(Anonyme)

20.

European Gigolo

À côté des femmes qui vendent du sexe, il y a celles, décomplexées, qui en achètent à des hommes. Icône incontestée du genre, Richard Gere dans «*American Gigolo*»[1] a fait des émules. Depuis 2010, le phénomène de l'escorting au masculin explose littéralement en Europe[2]. Selon *Google Insight*, l'outil qui analyse les tendances sur le moteur Google, la recherche «*Escort boy tarifs*» est exponentielle. Face à cette nouvelle dynamique, certains hôtels n'hésitent pas à mettre en place le système du «*Day use*», avec anonymat garanti. «*Rapide, facile, annulation sans frais. Vivez l'hôtel autrement. Réservez pour une journée ou quelques heures seulement!*»

Ils s'appellent Charles, Vincent, Nico, Cédric ou Bug Power lorsqu'ils utilisent un pseudo. Accompagnateurs de luxe, chevaliers servants, même s'ils refusent d'être considérés comme des «Garçons de passe»[3], leur site Internet est sans équivoque. Héritiers des strip-teaseurs en boîte de nuit, ils partagent tous, du bout de leur baguette magique, la même activité sulfureuse et très lucrative.

---

1. «American Gigolo» est un film américain réalisé par Paul Schrader, sorti en 1980, avec Richard Gere dans le rôle principal.

2. La prostitution masculine représenterait 20 % du marché de la prostitution.

3. «Les garçons de passe», Jean-Luc Henning, Éditions Halliers, 1979.

Laurence (42 ans) a rencontré David (38 ans) en 2013. «*Mon mari gagne excessivement bien sa vie. J'habite une jolie maison bourgeoise, avec piscine, sauna et salle de sport. Nous partons trois fois par an en vacances. Les enfants ont ce qu'ils veulent et moi, la carte bleue à disposition. Une vie dont j'avais rêvé plus jeune, sur un rail. Et paradoxalement, je ressentais, depuis quelque temps, une sorte de mal-être indéfinissable, accompagné de nombreuses crises d'angoisses, jusqu'à ce que je me rende compte un matin, seule devant mon café dans le silence de mon écrin confortable, que cette routine avait gangréné mon couple. L'homme de ma vie ne me regardait plus. On parlait affaires, investissements, comme des associés. De bons associés, efficaces, certes. Côté sexe, par contre, c'était le néant. Formel et politiquement correct, entre deux vaisselles. Et j'avais encore besoin de vibrer, de me sentir désirée.*» Laurence ne veut cependant pas remettre ses acquis en jeu. Hors de question donc de prendre un amant ou de tout quitter. Pas d'attaches, pas de sentiments, pas de traces.

Au hasard de ses surfs sur la toile et après avoir évacué le mauvais goût et le vulgaire et le niveau de grammaire n'atteignant pas le niveau scolaire d'un enfant de dix ans, elle va tomber un soir sur une annonce qui l'interpelle. «*Au risque de paraître présomptueuse, je n'avais pas envie de tomber sur un homme incapable d'utiliser le correcteur orthographique. Mais là, mes yeux se sont posés: «Sweat pleasure – Escort masseur pour femme. Sportif et sympa, 1 m 89, 77 kg, yeux verts. Parce que vous savez ce que vous voulez et ce que vous ne voulez pas, parce que vous avez décidé de ne pas vous encombrer d'un partenaire fixe, parce que vous êtes en couple, mais mal accompagnée, je suis votre homme! Pour le plaisir comme pour le business, je vous accompagne. Et en fin de soirée, bien que «cultivé», je peux m'éterniser à souhait sur la première syllabe. Câlins, douceurs, je réalise tous vos fantasmes, avec courtoisie et discrétion. Tarifs: cent cinquante euros de l'heure/six cent cinquante euros la nuit*».

Rendez-vous pris, Laurence ne sera pas déçue. Cadre spécialisé en gestion de crise dans une grande entreprise internationale le jour, tenue de ville, décontractée ou sportive, David se transforme, durant son temps libre, au gré du carton d'invitation. «*Le premier contact a été très surprenant. Je pensais rencontrer «Just a Gigolo»*[1] *et je suis tombée sur un homme bien. Doux et attentionné. Balades en forêt, apéros en terrasse, déjeuners à rallonge, le plaisir a été très vite varié en partages. On ne se voit pas que pour faire l'amour et cela ne s'achève pas systématiquement par une relation sexuelle. Il m'écoute, je me sens à nouveau importante pour quelqu'un, c'est ma bouffée d'oxygène, un concentré de bons moments, même si je ne perds pas de vue que je suis dans le cadre d'une relation tarifée. En même temps, j'ai une relation extra-conjugale, sans en subir les inconvénients. C'est idéal!*»

En 2011, le magazine télévisuel *Zone Interdite*[2] consacrera un documentaire sur M6 à ces femmes, jolies filles, trentenaires ou quadras, raffinées, élégantes, le plus souvent femmes d'affaires ou occupant des postes à responsabilités qui se donnent entièrement à leur carrière, qui n'ont pas besoin d'un homme pour être heureuse, mais qui ont, de temps en temps, envie d'une épaule dans leur lit pour s'y poser. Déculpabilisées par la mode des femmes cougar, comme elles s'achètent une paire de *Louboutin*, elles s'offrent une parenthèse et paient pour ce service.

Amours pluriels révélateurs d'une révolution du plaisir féminin[3], elles revendiquent leur droit à acheter du plaisir. Sans

1. La chanson «Just a Gigolo» est à l'origine un tango, «Gigolo», composé à Vienne, en 1929 et dont la musique est de Leonello Casucci, un musicien italien et les paroles du librettiste autrichien Julius Brammer.

2. «Quand les femmes paient pour être aimées», réalisé par Carole Greco et Laurent Ming, Zone interdite, 2011.

3. «La Révolution du plaisir féminin : Sexualité et orgasme», Elisa Brune, Éditions Odile Jacob, 2012.

s'impliquer, elles sont assurées en initiant une relation vénale de l'issue éphémère et satisfaisante de leur soirée. Et le concept est multicarte. *Rentagent.me* est un service d'escorts basé à New York où les femmes peuvent louer un « Monsieur Propre » bricoleur, jardinier, monteur de meubles *IKEA* ou aide à domicile pour cent quarante euros de l'heure. Ils sont juste là pour « faire le beau », en tenue d'Adam bien sûr et avec toujours le même prérequis : *« Je n'y vais pas par quatre chemins. Je te paie et tu prestes. Point. »*

Dans une époque qui valorise tant l'épanouissement sexuel, même si l'escorting au masculin dessine les contours d'une société plus égalitaire, louer un homme est une forme de prostitution perçue comme moins légitime. Pour Élisa Brune[1], cette réalité est en lien direct avec l'interdiction séculaire faite aux femmes d'exprimer leurs désirs. « *Dans notre culture judéo-chrétienne, la femme doit "ménager". Or formuler à un homme ce dont on a envie sous-entend que le partenaire n'est pas satisfaisant. Cela touche à la performance et donc à la virilité, ce qui peut blesser, voire créer des frustrations. Raison pour laquelle, souvent, les femmes simulent.* »

Dans cette configuration des rôles, comment considérer celles qui osent exprimer le souhait d'avoir des ébats, qui plus est, uniquement pour le plaisir et sans sentiment ? La femme, *a fortiori* si elle est mère, passe, sans préavis, de Madonne à femme libérée, une étiquette qui n'est moralement pas de bon ton sur le plan de l'intime. Dernier recours : le massage tantrique est alors le pis-aller de celles qui s'interdisent la relation tarifée. Une forme de camouflage, qui peut parfois déboucher sur une relation sexuelle, plus facile à gérer et qui ne donne pas l'impression de faire appel à du sexe payant.

---

1. « Le secret des femmes : Voyage au cœur du plaisir et de la jouissance », Élisa Brune et Yves Ferroul, Éditions Odile Jacob, 2010.

« Une femme libre est exactement le contraire d'une femme légère »

(Simone de Beauvoir)

21.

Indépendantes complémentaires par défaut

Alors que la crise socio-économique frappe de plein fouet nombre de ménages, des femmes actives mères célibataires se retrouvent à devoir se vendre pour s'en sortir financièrement. Elles ont entre 35 et 50 ans. Avant ou après leurs heures de travail, leur revenu complémentaire, elles vont le chercher sur les trottoirs des grandes villes. Une activité secrète qui les place dans une situation marginale d'exclusion et d'insécurité dont il leur est difficile de sortir. Et pourtant, l'alcôve de leur honte refermée, elles ont un prénom, un logement, un contrat de travail et un numéro de sécurité sociale...

Marine (38 ans) est infirmière à mi-temps. Veuve et mère de jumeaux, aux abois financiers, elle a décidé, non sans peine, de sauter le pas il y a 6 mois : « *Je suis bien consciente que je vais en choquer certaines, mais voilà. Il y a encore deux ou trois ans, jamais je n'aurais imaginé pouvoir le faire. Faute de grive, comme dit le proverbe, j'ai fini par m'y résigner et les jugements ou le regard des autres ne m'intéressent pas. Quand vous êtes dans une situation d'urgence, que vos mômes ont faim et que vous n'arrivez pas à trouver d'autres sources de revenus, vous n'hésitez pas. C'est instinctif.* » Pour Marine, une routine s'est mise en place, sans que personne ne le sache : réveil à 7 heures tapantes, direction la cuisine où elle prépare les tartines de ses enfants. Cartables sur le dos, elle les dépose ensuite à l'école avant de rejoindre, dans un quartier chaud, ses collègues d'infortune. Jusqu'à 13 heures, elle harponne le client sur sa parcelle de trottoir, tout en espérant ne pas y être reconnue. « *Ce serait terrible de croiser un voisin, un collègue ou un papa de la classe de mes fils, mais la conjoncture actuelle m'y contraint! Ce complément m'est indispensable!* »

Morgane (43 ans) est vendeuse. En 2016, un commercial en produits cosmétiques qui démarchait sa boutique a incidemment appris qu'elle traversait quelques difficultés économiques suite à un récent divorce. « *J'ai connu une période où je ne pouvais même plus m'acheter un pain à la fin du mois. Cet homme m'a alors proposé ce que je considère aujourd'hui comme ma première passe. Depuis, cela s'est transformé en service sexuel régulier, une à deux fois par semaine. Il est Hollandais. On se retrouve dans un hôtel discret du centre-ville ou du côté de Maastricht, en fonction de sa tournée. Cela peut aussi se passer dans sa voiture. Il se gare dans une rue peu fréquentée, non loin de ma boutique et il m'envoie un texto pour me dire où il est. En général, cela se passe sur le temps de midi. Je ferme, je mets un mot sur la porte et j'arrive. Est-ce que c'est un client? Est-ce que je suis une pute? Je ne sais pas. Ces mots sonnent durement à mon oreille. Je sais, en tout cas, que c'est mon revenu de survie. Ce n'est pas de l'argent facile, mais de l'argent rapide. Je peux payer l'internat de mes filles, les fournitures scolaires et faire des courses normales. Alors, quand on aime ses enfants, le billet, on le prend…* »

Des poubelles éventrées, un rat mort, des seringues usagées clairsemant le sol, c'est dans un tout autre contexte que Sania (36 ans), esthéticienne et mère de quatre enfants, travaille dans un endroit excentré et malfamé, situé le long du ring, non loin de chez elle. Outre la précarité, sa sécurité est également sa préoccupation première. « *Ici, on se sent toutes en danger permanent. L'endroit est sombre, sale et complètement insécurisé. Les hommes sont saouls, menaçants. Notre peur les excite. Certaines filles se font frapper, d'autres se font imposer des prestations non consenties. L'hygiène est réduite à zéro. L'an dernier, je me suis fait embarquer par six gars dans une camionnette. J'ai été abusée toute la nuit. Ils m'ont traitée comme une vulgaire poupée gonflable, avant d'être jetée, au petit matin, où ils m'avaient embarquée la veille et sans être payée. Presque par politesse, je n'avais pas osé demander d'être réglée en début de rencontre par celui qui m'a fait monter dans le véhicule. "Erreur de sélection, tu es trop gentille pour faire la pute", m'ont répondu les flics que j'ai croisés, désemparée.* »

Si la prostitution occasionnelle n'est pas un phénomène nouveau, ce qui est totalement nouveau, c'est le profil des femmes qui y sont contraintes en dernier ressort. Des femmes qui ont un emploi et pour la plupart, à temps plein. On commence par ne plus aller en vacances, puis on coupe les plaisirs de partout, avant de se présenter aux Restos du cœur ou à l'épicerie sociale du quartier, jusqu'au jour où cela ne suffit plus. Chômage à temps partiel forcé pour certaines, les coupes dans les dépenses publiques sont de nature à creuser l'écart entre les sexes. Le contrat social est rompu.

En 2014, une quadragénaire creusoise osera s'indigner publiquement dans une lettre de désespoir qu'elle adressera à de nombreux élus. Sans fausse pudeur, avec une estime de soi mise à rude épreuve, cette ancienne secrétaire y décrit sa situation financière à l'euro près et son quotidien fait de privations. Ayant épuisé tous les dispositifs d'aide, elle est contrainte d'avoir de temps en temps recours à la prostitution. « *Cela faisait longtemps que les mois étaient difficiles. J'ai vendu progressivement mon électroménager et finalement tout ce que j'avais accumulé durant ma vie. C'est à ce moment-là que je me suis dit, voilà, il ne te reste plus qu'à vendre ton corps.* »

Comment cette activité parallèle se fond dans leur existence? Difficile pour les occasionnelles de le verbaliser. À l'inverse des régulières toutefois, la prostitution à l'occasion est vécue dans une étanchéité totale par rapport à la vie officielle. On se convainc juste que cela n'aura qu'un temps, le plus court possible et que ce n'est pas le vrai « soi » qui fait cela.

« (…) Elle remet vite son manteau
De fourrure et de haine en sursaut
Elle cache dans son sac un joli couteau
Pour oublier cette nuit à se taire, à se tordre
Elle se taillade les veines, les veines
Tu souris et tu paies, tu paies
Chaque fois c'est un peu pareil
La peau collante, une horrible nausée
Elle a dans la poche cent billets
Elle remet ses bottes, son jean cigarette
Rouge à lèvres, de noires grandes lunettes
Sur le chemin trembleuse sifflote (…) »

(BB Brune – Extrait « *Houna* », 2007)

22.

Gagné à mon corps défendant

« *Je vends mon corps aux millionnaires* »[1] : dans cette nouvelle érotique d'Anne-Lise Hart, une jeune mère de famille, sans le sou et encore allaitante, tombe sur un message intrigant posté sur le Net. Deux millionnaires recherchent une femme pulpeuse pour assouvir leur fantasme : « goûter à son lait » contre vingt mille euros de salaire. Malgré sa gêne, noyée de dettes, elle va répondre à l'annonce et retrouvera les deux riches playboys dans un grand palace américain. Ils feront d'elle, une nuit durant, tout ce qu'ils désirent pour le prix convenu.

« Cachez ce travail que je ne saurais voir », Margareth (47 ans) est loin d'être une « *Pretty woman* » et le milliardaire n'est pas au rendez-vous de ses passes. Aide-soignante dans une maison de repos, le job d'appoint, elle l'a trouvé, malgré elle, en dessous de la ceinture. « *J'ai commencé dans l'urgence financière et nul doute que sans cet état de fait, je n'y aurais jamais pensé. J'ai des schémas bien ancrés. En plus, je ne suis ni spécialement belle ni grande, qui plus est même un peu ronde. Mais dans la rue, j'ai appris une chose : il y a une place pour chacune. Les prostituées ne sont pas toutes les canons que j'imaginais. Il y a beaucoup de paumées comme moi, échouées sur la rive. Notre point commun : manger. Cela m'a mise à l'aise.* »

1. « Je vends mon corps aux millionnaires », Anne-Lise Hart, 2014.

Margareth vit avec Jean-Pierre, chauffeur de taxi, depuis 22 ans. Lorsqu'ils se sont rencontrés, chacun avait deux enfants. Ils en ont eu un ensemble, ce qui leur en fait cinq en tout. Mais, entre les horaires fluctuants de la mère de famille, qui ne représentent pas un temps plein et les pertes successives d'emploi pour restructuration de son mari, cette famille recomposée avait de plus en plus de mal à joindre les deux bouts. « *C'est moi qui suis venue avec cette idée. On en a longuement discuté. D'abord, Jean-Pierre était totalement contre et puis, il y a quelques semaines, face à une nouvelle diminution de son chômage, il a finalement accepté à une seule condition : ne pas savoir ni où, ni quand ni comment cela se passe. Et il n'y a effectivement pas de régularité. Le baromètre est l'état de nos comptes. Un peu avant la "faim", je prends mon courage à deux mains et j'y vais, mécaniquement. Je fais trois rendez-vous d'affilée à quarante euros les vingt minutes. Je rentre l'âme poisseuse, répugnante, mais je ramène cent vingt euros pour remplir le frigo. C'est devenu une routine. J'ai lu de nombreux témoignages de personnes irrémédiablement abîmées, de vies détruites, gâchées par la prostitution. J'aurais aimé trouver plus de récits qui ressemblaient davantage à ce que je vis, moi. Une femme qui paie de sa personne parce que le système dans lequel où on vit nous y oblige. Braquer une banque ? Ce n'est pas mon truc. Je ne volerai jamais un centime à qui que ce soit. Voler dans les grandes surfaces ? Encore moins ! Les «bien-pensants» peuvent épiloguer tant qu'ils veulent sur l'honorabilité ou non de la prostitution, j'estime que je gagne ma vie honorablement. Et dans ma souffrance, même si ce truc me bouffe, je bouffe et je n'emmerde personne !*»

Ses grands yeux bleus ne pétillent plus, un petit rire nerveux conclut ses phrases prononcées dans un français mal assuré. Ivelina est une Roumaine de 42 ans. Cette mère de famille a quitté son pays en 2008, au tout début de la crise grecque, espérant arriver en Belgique en terre d'Éden. Elle se retrouve depuis à user ses talons hauts sur les pavés du quartier de l'Alhambra, à Bruxelles. « *Ce travail n'est pas pour moi, mais je dois payer mes dettes. Mon mari resté au pays est très malade. C'est mes parents qui l'hébergent avec mes filles et j'envoie de l'argent tous les mois.* » En Roumanie, Ivelina était femme d'ouvrage. Un crédit à la consommation de deux mille cinq cents euros contracté pour rénover leur habitation a torpillé l'équilibre financier du couple. « *Un moment donné, nous n'avons plus su payer et avec les taux d'intérêt qui s'additionnent, nous devons aujourd'hui plus de vingt-cinq mille euros. Nous en avons ouvertement parlé et j'ai décidé de partir. Je pensais que ce serait un dépannage rapide et de courte durée, mais je n'en vois pas la fin. Je suis dans une spirale infernale et je me dégoûte. Dans mon autre vie, je récurais les sols des écoles où je travaillais pour les désinfecter. Aujourd'hui, je me lave tous les soirs avec des produits d'entretien pour me sentir propre.* »

Qui a eu en premier l'idée de vendre les charmes de Madame pour payer les dettes du couple ? Madame ou Monsieur ? Il est souvent bien difficile pour un tribunal de le définir avec certitude. Et pourtant, quel(le) que soit l'instigateur(trice) et les circonstances, accepter que son épouse fasse le trottoir peut être qualifié d'incitation à la débauche et fait de proxénétisme dans le chef du conjoint.

En janvier 2016, un homme de 31 ans sera condamné par le tribunal correctionnel de Gray, dans le département de la Haute-Saône. Sa jeune compagne, mère de leurs deux enfants, se prostituait via un compte Facebook et un autre compte créé sur un site Internet. Le couple, sans emploi, aurait empoché environ neuf mille euros, une somme qui leur a permis d'éponger un certain nombre de factures. « *Je n'avais pas le choix. C'était ça ou voler et je ne veux pas voler les gens* », déclarera la jeune femme à l'audience. « *Un dossier difficile et bien triste* », précisera le Ministère public, ce qui n'adoucira pas le verdict : quatre ans de prison, dont deux avec sursis et mise à l'épreuve de deux ans pour Monsieur. Double peine : aujourd'hui, la mère de famille se retrouve seule et continue de se prostituer pour survivre…

« Le diable nous demande rarement plus que de le laisser faire »

(Jean-Pierre Richard)

23.

Cinq passes, un traitement

Aux États-Unis, les dettes médicales des ménages représentent plus de 60 % des surendettements personnels et des millions d'Américains sont, chaque année, acculés à la faillite, suite à des hospitalisations de longues durées ou des traitements lourds générant des frais de soins de santé exorbitants. À cet égard, l'Europe donne un sentiment très réconfortant d'être bien couvert médicalement. Mieux, notre système de sécurité sociale serait un luxe que beaucoup de patients n'apprécieraient pas à sa juste valeur.

Démonstration par l'absurde, en 2012, l'histoire de Muriel, une Niçoise d'une trentaine d'années, mettra la France entière en émoi, jusqu'à déteindre par-delà ses frontières. Le suivi médical de son fils autiste coûte plus de deux mille euros par mois. Cette mère de famille et son mari n'ont pas les moyens de payer le traitement non remboursé par la sécurité sociale. Désemparée, la maman décide, sans en parler à son époux, de faire quelques passes pour réunir les sommes nécessaires. Par voie de presse, elle expliquera : « *Mon fils de 5 ans est autiste sévère. Il a la chance d'avoir été diagnostiqué tôt, à 3 ans, parce qu'on a payé tous les bilans nécessaires. Il bénéficie d'une prise en charge éducative intensive, préconisée par un pédopsychiatre. J'emploie des intervenants à hauteur de trente-cinq heures par semaine, qui font sa rééducation avec lui à la maison. Il est suivi aussi par une psychologue, une orthophoniste et une psychomotricienne (toutes trois n'étant pas prises en charge par l'État). Comme il n'existe pas de structure adaptée près de chez nous, nous en avons créé une pour lui, mais à domicile. Nous avons tout financé nous-mêmes.* » Malgré d'énormes efforts, le couple n'arrive pas à suivre. « *J'ai bien fait des ménages de nuit, mais mon fils a d'énormes troubles du sommeil, comme 75 % des enfants autistes. Il ne dort presque pas. Je ne peux donc plus travailler de nuit. Comme d'autres parents, je me sens un peu dépassée. Chacun pallie comme il peut aux manquements de l'État et des collectivités, chacun a ses solutions. Nous, on a commencé par faire la manche auprès de la famille et des amis, ça a bien marché un temps, mais ils ne peuvent plus suivre longtemps.* »

Muriel ne s'en serait jamais crue capable mais pour financer la prise en charge de son fils, elle va alors décider, sans le dire à son époux, de vendre ses charmes : « *Tout le monde en parle sur les réseaux sociaux. «La vie est dure ; un jour, on devra se prostituer, on en arrivera là, c'est sûr et certain». Quand j'ai lu ça, je me suis dit qu'en fin de compte, c'était la solution, en attendant que tout s'arrange, on n'a pas d'autre choix. Je me suis donc prostituée à cinq reprises. J'ai gagné sept mille euros qui m'ont permis d'acheter du matériel éducatif. Le reste, je l'ai mis de côté en cas de coup dur.* » C'est une menace de mort par un client dans une chambre d'hôtel qui lui fera brutalement tout arrêter : « *Je lui ai répondu vertement à une remarque qui ne m'avait pas plu et il n'a pas apprécié. Il a alors sorti un couteau et il m'a menacée à la gorge. J'ai failli perdre la vie et j'étais toute seule. J'ai fait tout cela pour mon fils, pour ma famille… À cause de l'État, en fait ! Il a été mon proxénète, presque jusqu'à ce que mort sans suive !* »

24.

Mariée, pute et soumise

Le mariage fait-il des femmes des putes ? Par morale ou par éducation, certaines pensent encore que l'obligation de faire l'amour fait partie du contrat de mariage. Une croyance entretenue par des maris qui utilisent parfois la force physique ou la menace financière pour parvenir à leurs fins.

Le parcours de Georgette témoigne d'une vie où son désir féminin a été mis aux abonnés absents et se sacrifier, devenu un principe permanent. Elle a été mariée, surtout pour le pire…

« *J'ai été élevée par mes parents comme une oie blanche. Interdiction absolue de sortir, à l'identique de Cendrillon. La vieille école ! Il fallait attendre le prince* charmant. » Et ce dernier se présentera à l'occasion d'un mariage familial. Christian est le frère de sa future belle-sœur. Il est beau, avenant et la jeune femme, d'à peine 19 ans, tombe immédiatement sous le charme, sans savoir que cette rencontre sera le calvaire d'une vie. « *La première fois fut terrible. Cela s'est passé à l'arrière d'une voiture. Je ne voulais pas comme cela, mais on ne m'avait rien expliqué au niveau intime. Je suis tombée enceinte et nous avons dû nous marier. J'ai eu ma fille deux mois avant mes 20 ans et mon fils, 21 mois après.* »

Rapidement, Christian va additionner les maîtresses, boire et malmener son épouse. Le mariage se révèle être l'union de l'horreur. « *Neuf mois après la naissance de mon fils, je suis tombée une troisième fois enceinte. Mon mari va alors me proposer de me faire ausculter par une amie de ma belle-mère. Je ne savais pas que c'était une femme qui avait déjà été poursuivie pour pratique d'accouchements illégaux. Elle m'avortera, à mon insu, avec une aiguille à tricoter. J'ai fait des hémorragies, plusieurs jours durant, dans l'indifférence générale. Le week-end suivant, Christian partira avec ses parents en Angleterre, me laissant seule dans cet état, avec deux petits de deux ans et demi et neuf mois.* »

Lors de ses présences fugaces au domicile conjugal, si Christian n'avait pas ce qu'il voulait au lit, il devenait agressif et violent. « *Il n'y avait que peu de préliminaires, pas de tendresse, et il ne tenait absolument pas compte ni de mes désirs, ni de mes envies. Mais, je me disais que c'était mon mari et qu'il fallait que je me donne, que j'assume mon devoir d'épouse. Je me rends compte aujourd'hui que cette fausse croyance était ancrée en moi de par mon éducation. L'homme prend et la femme donne. Et je pensais vraiment que les relations fonctionnaient de la sorte. Et puis, comme je n'avais pas eu d'amour de mes parents, quelque part, j'avais l'impression que mon mari m'en donnait, à sa façon.* »

En 1980, Christian aura un grave accident. Il restera plus d'un an sans pouvoir marcher. « *Je vais alors passer de femme soumise à infirmière. Il a fait aussi six infarctus et il est devenu impuissant. C'est à partir de ce moment-là que nous avons commencé à faire chambre à part. J'ai alors rencontré quelqu'un sur un site de rencontres, Henri. Je suis assez vite partie en Auvergne, avec l'espoir de jours meilleurs et là, j'ai connu un autre enfer. Pendant deux mois et demi, cet homme m'obligeait aussi à avoir des rapports sexuels, jusqu'à cinq à six fois par jour, avec une carabine pointée sur ma tempe. Nous étions dans une région perdue, au milieu des bois, sans âme qui vive et pas de réseau dans la maison. Impossible d'appeler à l'aide.* »

Georgette réussira finalement à fuir son second bourreau. « *Des amis, contactés in extremis, sont venus me chercher avec un camion et nous avons embarqué mes quelques affaires. J'ai alors passé une nuit chez mon fils et cinq nuits chez celui qui était toujours mon mari, avant d'être jetée à la rue. J'ai vraiment galéré pour remonter la pente, mais j'ai été bien soutenue. C'est d'ailleurs un ami policier qui m'a poussée à dénoncer mon agresseur auvergnat et une plainte est toujours ouverte à l'encontre de cet homme, auprès du Procureur de la République de Clermont-Ferrand. Avec le recul, quand je me repasse le film de mon histoire, la seule chose que je me reproche, c'est de ne pas avoir écouté mes enfants lorsqu'ils me disaient de partir. Il ne faut jamais se laisser faire. Même si on a peur, un corps de femme n'est pas un objet ! Il est inviolable et le mariage n'est pas une soumission sexuelle. Ce que certains hommes prennent comme un droit et font subir, c'est purement et simplement du viol. Mon mari est récemment décédé. Il m'a demandé pardon avant de partir. Mais ma vie a été gâchée. J'ai 66 ans et cela ne fait que deux ans que je m'appartiens.* »

Lors d'une audience pour violences conjugales, qui s'est tenue le 31 mai 2017 devant le tribunal correctionnel de Nanterre, un juge a suscité l'indignation en affirmant que la victime aurait dû « honorer son devoir conjugal » et ne pas faire chambre à part. Si le mari, qui justifiait sa violence par l'absence de vie sexuelle, a écopé de six mois de prison avec sursis, le magistrat risque une sanction disciplinaire pour son dérapage.

Les premiers effets juridiques du mariage sont que « les époux ont le devoir d'habiter ensemble et se doivent mutuellement fidélité », ce qui implique implicitement une communauté de lit, anciennement appelée « affectio matrimonialis ». En outre, le mariage étant primitivement tourné vers la survie de l'espèce, le couple marié doit se reproduire. Cette communauté de vie va dès lors, en théorie, bien au-delà de la seule cohabitation. Par contre, obtenir un rapport sexuel avec une femme par la contrainte, même lorsque c'est la sienne, est un acte pénalement répréhensible. Et les derniers chiffres d'Amnesty International ne sont pas anodins : en 2014, 24,9 % des femmes se sont fait imposer des relations sexuelles forcées par leur partenaire.

Une face pour deux piles. Il y a celles que l'on force par viol conjugal et celles, à l'identique violentée dans leur intégrité, qui se forcent. En 1993, Christine Dessieux dénonçait déjà cette forme de *« prostitution conjugale »*[1]. Par peur de l'insécurité, Ève ne quittera jamais son mari pour qui elle n'éprouve que du dégoût. Par souci des conventions, Claire reste avec le sien et se console avec des amants. Quant à Sandra, elle est l'atout charme de son mari pour conclure des contrats d'affaires.

Ces contraintes inscrivent la prestation sexuelle au sein du couple marié dans un système de tarification implicite, qui va bien au-delà du simple rapport consenti pour éviter les conflits. Faire un effort quand on n'a pas réellement envie de faire l'amour pour préserver le couple est une chose. Mais le deal socio-économique, reposant sur une offre et une demande, est un marché lourd de conséquences émotionnelles et qui suggère une forme de prostitution tacite dans le mariage, sur fond de sécurité financière.

Les femmes à poste égal gagnant moins que les hommes, l'accès à l'autonomie financière de ces dernières n'a pas rendu cette composante caduque. Coucher en échange d'un toit et d'une subsistance demeure une réalité contemporaine. Au risque de faire pousser de hauts cris aux défenseurs de l'institution, le système conjugal, qui semble être le plus éloigné de la dynamique prostitutionnelle, y trouve à ces conditions de fonctionnement des similitudes inattendues.

---

1. « La prostitution conjugale : des femmes témoignent », Christine Dessieux, Éditions Albin Michel, 1993.

« Les femmes doivent fournir des services ménagers, sexuels et reproductifs aux hommes en contrepartie de compensations matérielles plus ou moins importantes. »

(Gail Pheterson)

25.

L'assistance sexuelle, dernier tabou solidaire

En 2011, un fait divers dramatique fait scandale. Selon l'agence de presse suédoise *TT*, une jeune fille de 14 ans, dont le nom ne sera pas révélé, a été achetée pour mille euros afin de servir d'esclave sexuelle à une personne déficiente mentale. L'adolescente, en provenance des pays de l'Est, a été maintenue en captivité pendant un an, à Göteborg, avant d'être libérée par la police locale. La famille du déficient mental, âgé de 25 ans, avait fait venir la jeune fille de Belgrade pour « soulager » les besoins de leur fils. Elle aurait été quotidiennement violée et serait même tombée enceinte, avant de faire une fausse couche en captivité.

Cette affaire de trafic d'êtres humains relancera la question de l'assistance sexuelle aux personnes handicapées. Car si avoir une vie sexuelle est considéré comme un droit, ce droit ne doit pas être réservé qu'aux personnes valides. Handicapés moteurs ou déficients intellectuels, la plupart des personnes en situation de handicap vivent leur condition comme un obstacle au plaisir. Comment assouvir leurs désirs et envisager une relation amoureuse quand tous nient leurs besoins vitaux ? « *Celui de séduire et d'être séduit, celui d'éprouver du désir comme celui d'aimer, lorsque l'on sait que le plaisir sexuel réside dans notre sensibilité à notre propre corps et au corps de l'autre [...] Mais comment rencontrer ? Racrapoté dans un fauteuil, rencontrer l'autre peut devenir laborieux, voire impossible. [...]*»[1] Mark O'Brien, journaliste et poète américain qui passa une grande partie de sa vie dans un poumon d'acier artificiel, écrira à ce sujet : « *La sexualité me semblait totalement dénuée de sens, sinon pour m'humilier au moment où l'on faisait ma toilette. Je n'aurais jamais parlé à mes assistants des orgasmes que je pouvais avoir à ce type d'occasion. Tout ce que je ressentais se résumait à une profonde honte. Et j'imaginais qu'eux aussi devaient me haïr pour cette excitation.* »[2]

Face à la souffrance qu'impose la différence, certains pays ont légalisé le statut d'assistant sexuel à la personne souffrant de handicap. Ni prostitué(e), ni infirmier(e), l'assistant(e) sexuel(le) prodigue, contre rémunération, des soins « érotico-sexuels » à des patients handicapés et en situation de « manque ». Cela peut aller de caresses sensuelles, à de la masturbation ou des pratiques orales, mais sans pénétration. La première formation de ce type a démarré en 2003, en Suisse alémanique, à l'initiative de la sexo-pédagogue Catherine Agathe-Diserens[3] : « *Ce nouveau métier répond à une véritable demande et permet d'apaiser des souffrances. Il faut arrêter de prendre les handicapés pour des anges sans sexe. Comme nous, ils ont des besoins et des envies et une libido.* » Après la Suisse, les premiers pays en Europe à avoir ensuite reconnu ce genre de pratiques sont les Pays-Bas, l'Allemagne et le Danemark.

À côté de sa profession de naturopathe, dont il partage le cabinet avec sa femme, Fabrizio est depuis devenu complémentairement assistant sexuel dans la région tessinoise : « *La sexualité est un besoin*

---

1. « Les corps meurtris, socio-anthropologie de la précarité », Sonia Verstappen, Faculté des sciences politiques, économiques et sociales, Département des sciences politiques et sociales, 2e année, 2010.

2. «Sexualité et handicap : une réponse à la solitude des corps», Mark O'Brien : www.iprostitution.org.

3. « Sexualité et handicap : entre tout et rien », Catherine-Agathe Diserens, Éditions Saint-Augustin, Collection Air de famille, 2013.

humain que tout le monde a le droit de vivre. On trouve normal que des gens prêtent leurs yeux pour lire aux aveugles. Pourquoi ne prêterais-je pas mes mains pour masturber quelqu'un qui ne peut pas le faire lui-même parce qu'il souffre d'un handicap ?» Depuis quinze ans, Nina défend le droit de tous au toucher intime. *« Lorsque j'étais petite, la seule vision des personnes différentes m'inspirait de l'effroi, voire du dégoût. En travaillant dans une institution pour personnes handicapées, j'ai dû surmonter mes réserves et ma relation au handicap s'est complètement modifiée.* » Pour cette Hollandaise installée à Berlin, les assistants sexuels ne sont ni des héros ni des saints. Mettre son corps au rythme des corps de ses patients handicapés par le toucher et les caresses pour leur prodiguer des émotions sensuelles est devenu tout à fait naturel.

Emploi, transport, urbanisme, le législateur a réglementé toute une série de secteurs pour en faciliter l'accès et l'intégration aux personnes moins valides. Lorsqu'on évoque, cependant, la question de la vie sexuelle de ces personnes, des réticences se font sentir. Sur le plan légal, « l'accompagnement à la vie affective et sexuelle » est assimilé à de la prostitution, d'autant plus que la prestation est payante[1]. Or, « la mise à disposition de son corps pour le plaisir d'autrui contre de l'argent » est la définition même de la prostitution. Et même si l'assistant sexuel est sélectionné et doit recevoir une formation pour apprendre à connaître et à guider des corps différents et meurtris, ce service à la personne fait débat : accompagnement ou prostitution, où est la limite ?

Les promoteurs de l'assistance sexuelle en jugent autrement. Le métier n'est certes pas facile et demande le franchissement de nombreuses barrières, mais une personne handicapée n'est pas un être asexué, dénué de désir et de besoins. Le respect de sa

1. 100 euros en Suisse et partiellement remboursée aux Pays-Bas à raison de deux fois par mois.

dignité implique aussi le respect de sa sexualité. Depuis 2007, les travailleurs psychosociaux et professionnels du secteur interpellent les autorités et dénoncent l'hypocrisie d'un système.

Quel espace est-il vraiment laissé à la vie sexuelle et affective à la maison comme en institution, centres fermés et lieux de vie communautaires ? Patrick, éducateur et sexologue, est confronté tous les jours au problème. Pierre reçoit son amie dans sa chambre. Cette visite est prévue et l'équipe est au courant. Un éducateur entre sans frapper pour déposer le linge. Ne pouvait-il pas le laisser devant la porte et revenir plus tard ? Marie se rend chez son gynécologue avec son éducateur. La consultation révèle qu'elle n'est plus vierge. L'éducateur consigne cette information dans le cahier de communication destiné à l'ensemble du personnel, alors que Marie ne voulait pas que cela se sache. Marc aimerait rencontrer une femme. Il consulte les petites annonces et prend des contacts par téléphone. Mais comment recevoir une femme au centre, prostituée ou autre, lorsqu'aucune structure d'accueil n'est mise en place ? Et comment aller voir une prostituée à l'extérieur lorsque l'on est à mobilité réduite et que l'on a besoin d'aide pour se déplacer ? « *Lorsqu'une fois par mois, je quitte le centre en minibus avec un résident tétraplégique pour aller voir la prostituée qui le reçoit à sa demande, tous les résidents savent où il va et il fait l'objet de commentaires ou de regards moqueurs quand il rentre. Où est le respect de la vie privée lorsque des tiers, éducateurs ou cohabitants, vont voir, entendre et savoir.* »

Dans un centre où Patrick a travaillé, il y avait une fille qui n'arrêtait pas de pousser des hurlements, une horreur, non seulement pour elle, mais aussi pour l'entourage collectif. « *Ce qui me frappait, c'est que dès que l'on s'approchait d'elle, elle voulait s'agripper, ce qui était perçu comme de la méchanceté. Mais mon hypothèse était qu'elle voulait toucher et ressentait le besoin d'être caressée. J'ai testé cette hypothèse et je l'ai amenée dans une institution voisine pourvue de locaux de relaxation, avec des tapis d'eau chaude et des colonnes à bulles et où l'on peut créer une approche plus sensorielle avec la personne handicapée. Durant la séance, cette fille m'a grimpé dessus, malgré son handicap moteur et là, j'ai vraiment eu la conviction que c'était un besoin sexuel. Par hasard, dans les jours qui ont suivi, un autre handicapé mental, mais plus léger, s'est intéressé à elle. Ils ont commencé à se tenir la main, à se promener et à se donner des câlins. Du jour au lendemain, la jeune fille n'a plus hurlé.* »

À côté des professionnels, le désarroi de nombreux parents de personnes handicapées est à l'identique. Guillaume (26 ans) présente un retard mental modéré. Grâce à leur ouverture d'esprit, ses parents ont mis en place leur solution : « *Il y a cinq ans, notre fils est passé par hasard par le quartier de la gare du Nord. Il a trouvé cela intéressant et comme il a une excellente mémoire visuelle, il y est retourné tout seul ! On l'avait déjà bien retrouvé devant l'un ou l'autre film X, mais on n'avait jamais été confrontés à une demande de sexualité active.* » Devant sa première consommation, la famille a été relativement choquée, mais a su s'adapter. Un seul point sur lequel les parents se doivent régulièrement d'insister : « *Ce n'est pas ta petite amie. Tu paies une prestation, ne l'oublie pas.* »

« *Je n'ai pas de petite amie avec qui partager mes sentiments. Avec elle, j'avais l'impression d'être de nouveau un homme.* » Cette confidence est celle de John, un malade atteint de sclérose en plaques, au lendemain d'une nuit passée en compagnie d'une travailleuse du sexe australienne. En février 2014, France Ô diffusait « *Scarlet Road* »[1], un documentaire sur Rachel Wotton, qui s'est spécialisée dans les services aux personnes handicapées. Au sein de l'association *Touching Base,* elle aide à la mise en contact de personnes handicapées avec des travailleurs du sexe spécialisés dans l'État du New South Wales qui a légalisé cette pratique. Si cette prostituée australienne va parfois jusqu'au

1. « Scarlet Road », un documentaire réalisé par Catherine Scott, 2011.

rapport sexuel, cela ne se produit pas dans la majorité des cas. « *Le contact physique et la douceur sont bien souvent primordiaux. Le corps n'est pas ici vendu. Il s'agit d'un acte compassionnel, un geste d'humanité.* »

Benjamin, prostitué homosexuel depuis vingt-deux ans, compte aujourd'hui six hommes handicapés parmi ses clients. Il les reçoit avec la même empathie : « *Je pensais au début qu'il fallait une formation particulière, voire médicale, pour aborder ce genre de passe. Et finalement, je me suis rendu compte que la sexualité de personnes différentes n'est pas si différente. Pourquoi dès lors se poser la question pour une personne handicapée, alors que pour une personne sans handicap, si elle a les moyens d'aller au bordel, eh bien, elle y va !* »

In fine, la question de savoir s'il faut créer ou non un statut d'assistant sexuel dans notre pays ne pose-t-elle pas plus largement la question de la misère affective et sexuelle qui ne touche certainement pas que les personnes handicapées ? « *Avant, j'avais un grand trou noir dans ma tête, maintenant j'ai un grand rayon de soleil* », avoue Sébastien, infirme moteur cérébral, qui résume ainsi sa découverte des bras d'une femme. Le plaisir est-il ainsi uniquement réservé aux corps parfaits répondant aux dictats ? « *La sexualité est un voyage intérieur qui n'a rien à voir avec les apparences ou les performances. Le silence assourdissant qui entoure la sexualité des personnes en situation de handicap doit céder sous l'affirmation de leur droit : avoir une libido.* »[1] Ce n'est pas un problème de passe ou de cul, mais un problème de réhumanisation des personnes handicapées. Parce que finalement, l'équation est excessivement simple : accessoirement handicapés, mais essentiellement humains, sexuellement constitués, nous avons tous physiquement envie, à un moment ou à un autre, de vouloir grimper au septième ciel !

1. « Sexualité et handicap : entre tout et rien », Catherine-Agathe Diserens, Éditions Saint-Augustin, Collection Air de famille, 2013.

« Je refuse d'être aimé parce qu'infirme :
Toute pitié est immonde.
Je refuse d'être aimé quoiqu'infirme :
Toute restriction est blessante.
Je demande à être aimé infirme. »

(Jean Massin)

26.

Sacrée, salubre, réglementée, libre ?

Par obligation, pour l'argent ou par plaisir ? « *Pute un jour, pute toujours !* », disent les putophobes. C'est oublier qu'il fût une époque de notre Histoire où la prostitution était sacrée.

Elle est ainsi déjà évoquée dans le premier livre de la Bible, qui raconte comment Juda, fils de Jacob et frère de Joseph, se laissa séduire par sa belle-fille déguisée en prostituée : « *Alors, elle ôta ses habits de veuve, elle se couvrit d'un voile et s'enveloppa. Elle s'assit à l'entrée d'Enaïm, sur le chemin de Thimna, car elle voyait que Schéla était devenu grand et qu'elle ne lui était point donnée pour femme. Juda la vit et la prit pour une prostituée, parce qu'elle avait couvert son visage. Il l'aborda sur le chemin, et dit : "Laisse-moi aller vers toi", car il ne connut pas que c'était sa belle-fille. Elle dit : "que me donneras-tu pour venir vers moi… ?"* »[1]

La prostitution est aussi référencée comme existante dans un texte mésopotamien bien plus ancien, *l'Épopée de Gilgamesh*, ce qui pourrait justifier sa qualification ancestrale de « plus vieux métier du monde ». La « Joyeuse », prostituée sacrée au service de la déesse de l'amour Ishtar, est envoyée par Gilgamesh auprès d'Enkidu, l'homme sauvage, afin de l'amener à quitter la steppe : « *[…] La Joyeuse le vit, redoutable gaillard […] Le voilà, lui dit le Chasseur. Dénude-toi, La Joyeuse ! Découvre-toi le sexe ! Pour qu'il (y) prenne ta volupté ! Et n'aie crainte de l'épuiser ! Lorsqu'il te verra (ainsi), il se jettera sur toi. Laisse (alors) choir ton vêtement. Pour*

1. La Bible, Genèse 38,15.

qu'il s'allonge sur toi et fais-lui, à (ce) sauvage, ton affaire de femme ! (Alors,) sa harde, élevée avec lui, lui deviendra hostile (pendant que) de ses mamours, il te cajolera !»[1]

Dans cette prostitution labellisée « sacrée » dans les textes, l'union sexuelle des hommes avec des prostituées au service de la déesse-amante était religieusement censée ressourcer la force génitale des fidèles masculins et cette force étendre ses effets positifs à la fertilité des troupeaux et des sols. Des usages que l'on retrouve dans le monde indien, avec les « *Devadâsî* ». Ces femmes, consacrées au temple dès leur plus jeune âge, étaient considérées comme des épouses de la divinité et jouissaient de libertés sexuelles auxquelles les autres femmes mariées à un mortel n'avaient pas accès.

Au Moyen-Âge, il n'est plus question de sacré. La prostitution va s'institutionnaliser progressivement à la manière d'un service de salubrité publique. Dès le XIIe siècle, elle est organisée par les élites, tenants de l'ordre public. À cette époque, elle est considérée comme un « moindre mal » pour canaliser les pulsions sexuelles dites « déviantes », violeurs potentiels et autres. Elle est également tolérée par le clergé et certains bordels sont gérés par des monastères où les filles sont sanitairement contrôlées par des médecins et des abbesses, contre monnaies sonnantes et trébuchantes qui rentrent dans les caisses de l'Église. La véritable rationalisation de cette tolérance sera d'ailleurs donnée par le dominicain saint Thomas d'Aquin, dans son œuvre « *Somme théologique* » : « *Supprimez les prostituées et vous apporterez un trouble général par le déchaînement des passions. Ainsi donc, bien que les infidèles pèchent par leurs rites, ceux-ci peuvent être tolérés soit à cause du bien qui en provient, soit à cause du mal qui est évité.* »[2]

---

1. www.lescorpscelestes.fr.

2. « Somme théologique », saint Thomas d'Aquin, œuvre philosophique et théologique écrite entre 1266-1273, question 11 : « Doit-on tolérer les rites des infidèles ? »

Parallèlement, une ghettoïsation s'installe et l'on voit apparaître toute une série de règlements visant à ségréguer les prostituées, « vice ambulant ». Ruban de couleur jaune autour du cou, interdiction de porter de la fourrure ou de la soie, des codes vestimentaires sont établis, afin de ne pas confondre les femmes de petite vertu avec les « honnêtes gens ». On leur refuse de passer le seuil de certaines tavernes. De la même façon, on leur permet de racoler dans les ruelles, mais non sur les artères principales.

Avec les courtisanes qui peuplent les cités de la Renaissance, les femmes de mœurs légères sont à nouveau plus libres, tiennent salon et fréquentent la haute société. « *Elles s'offrent le luxe de choisir leurs amants et de fixer leur prix et font les délices des riches voyageurs de passage, des magistrats de la Sérénissime République ainsi que des artistes comme Le Titien* »[1]. Autres latitudes, même réalité : dans les boudoirs parisiens, la littérature française doit beaucoup à ces « cocottes » ayant inspiré, de Corneille à La Fontaine, la plupart des auteurs classiques de ce « Grand Siècle ».

Le XIXe siècle n'interdit pas la prostitution, mais, afin d'endiguer l'épidémie de syphilis, il veut qu'elle soit confinée dans certains lieux bien fermés, prélude à l'âge d'or des maisons closes, avec tenancières, sous-maîtresses et personnel « qualifié ». Un réseau se met d'initiative en place. Des rabatteurs arpentent les gares et proposent aux « fraîchement débarquées » des places dans des maisons « bien tenues ». C'est l'avènement d'un siècle et demi de lupanars qui prolifèrent dans toute l'Europe, mais aussi celui des premiers mouvements abolitionnistes[2] qui font leur apparition,

1. « Condition féminine : de la prostitution sacrée à l'esclavage sexuel », 9 avril 2016, www.herodote.net.

2. L'abolitionnisme est la doctrine de ceux qui demandent l'abolition d'une loi, d'une coutume, ici l'abolition du système prostitutionnel. Mettant en cause le traditionnel « droit » des hommes à disposer du corps des femmes et à en tirer profit, l'abolitionnisme élabore une véritable liberté sexuelle, dégagée de l'intrusion de l'argent, de la violence et de l'exploitation.

en Angleterre d'abord, en France ensuite. Ils pointent du doigt l'inefficacité du réglementarisme en matière de santé publique et de garantie sanitaire. C'est d'ailleurs cet argument qui sera décisif dans la fermeture, en 1946, des maisons closes dans l'Hexagone.

Depuis, si la prostitution reste au centre de débats plus ou moins houleux selon les décennies, force est de constater que la notion d'échange tarifé qui fait sa composante a été, dès sa genèse, une constante et qu'il faut partir de la demande pour la comprendre. Déjà à l'époque du paléolithique, les hommes étaient prêts à livrer le produit de leur chasse aux femmes qu'ils désiraient pour obtenir leurs faveurs sexuelles. Au cours des siècles, le processus a pris des formes diverses et variées, mais il reste toujours le même : les hommes seront toujours prêts à payer le prix pour obtenir ces faveurs.

Donnée éclairante supplémentaire, l'Histoire de la prostitution ne peut s'analyser sans y apporter une dense réflexion sur l'appréhension sociale de la sexualité à travers le temps. Dans « *La volonté de savoir* », premier tome de son « *Histoire de la sexualité* »[1], Michel Foucault y prend le contrepied des thèses de l'époque liées à la pensée de mai 68 et y développe une réflexion nouvelle sur l'évolution du sexe et les discours afférents.

Selon « l'hypothèse répressive », l'Histoire de la sexualité du XVIIe siècle à nos jours devrait se lire comme « *la chronique d'une répression croissante, répression coïncidant, après des centaines d'années de libre expression sexuelle, avec le développement du capitalisme et faisant corps avec l'ordre bourgeois.* » Le philosophe français prend cette thèse à rebours et interroge le paradoxe d'une société « *qui depuis plus d'un siècle se fustige bruyamment de son hypocrisie et parle avec prolixité de son propre silence* ». Pour ce critique des normes sociales

1. « Histoire de la Sexualité – La volonté de savoir », Michel Foucault, Éditions Gallimard, 1994.

et des mécanismes du pouvoir, le XVIIIe et le XIXe siècle ont fait subir deux modifications majeures à la sexualité : « *Le couple légitime, avec sa sexualité "régulière", a droit à plus de discrétion, tendant à fonctionner comme norme. Ce qu'on interroge alors, c'est la sexualité des enfants, des fous et des criminels. Aussi, s'opère une distinction des registres de la perversion (l'homosexualité, par exemple) et de l'infraction légale/morale (l'adultère).* »

Michel Foucault note aussi que « *si l'intervention de l'Église dans la sexualité a perdu de son insistance depuis le XVIIIe siècle, la médecine est entrée à son tour, peu à peu, dans les plaisirs du couple, inventant toute une série de pathologies (organique, fonctionnelle, mentale) et classant avec soin toutes les formes de plaisirs annexes.* »

Avant-gardiste, l'homme ne s'attendait certainement pas à ce que notre sexualité contemporaine soit annihilée par le virtuel, un vide substantiel nourrissant à souhait les escarcelles de ces « coachs de vie », placébos compensatoires au non-être, qui se propagent à foison. Et voilà que le pont relationnel se présente sur un plateau : les prostituées n'apportent-elles pas, elles aussi, pour qui privilégie lever cette option, cette réparation des corps indispensable au bien-être ?

Dans un mémoire universitaire, « *La prostitution, une forme de réparation* », Sonia Verstappen écrit : « *[...] Pour le client, il me semble que ce qui est premier dans la réparation, ou à tout le moins dans le bénéfice qu'il trouve dans la relation à la prostituée est la liberté, celle d'une relation sans enjeux, où tout peut s'imaginer, et dans l'anonymat. Cette absence d'enjeux leur permet parfois de se protéger des souffrances qu'ils vivent dans l'amour, dans le désir. Elle laisse aussi place à l'illusion d'une femme-objet, support de tous les mythes, ou au contraire "femelle excitante", car interdite et/ou opposée à la "femme parfaite" face à qui le désir peut être tué par trop de respect. À côté de la liberté, un autre aspect essentiel pour le client est la question de l'accueil, tant pour les exclus qui ne sont reçus nulle part, que pour ceux qui y déposent et y vivent leurs fantasmes les plus secrets, les plus inavouable et parfois même inconscients [...]. Certains comparent même ce qu'ils vivent chez la prostituée à une prise en charge thérapeutique. Par ailleurs, la possibilité de s'affranchir des normes sociales dans la relation à la prostituée permet à certains de retrouver une virilité perdue face à la libéralisation de la femme et aux changements de rapports que celle-ci a induits. Et bien sûr, nombre de problématiques sexuelles (comme les troubles érectiles) sont amenées par les clients chez les prostituées. Peut-on réellement parler pour le client de réparation dans la prostitution ? Y vit-il des choses qui l'aident à défaire les nœuds qui l'étouffent ? Selon moi, la question reste ouverte. À tout le moins, il y a atténuation des tensions, de la fureur et du désespoir, que provoquent la censure des pulsions ou la solitude affective et corporelle. En regard de ces différents bénéfices, le coût principal auquel le client est confronté est celui de la honte, vis-à-vis de lui-même ou face aux autres. Mais celle-ci est parfois en partie rachetée par l'argent donné à la prostituée [...]*»[1].

Au final, à l'analyse, tout n'est-il pas question de paradigme, avec plus ou moins de censure morale ?

1. « La prostitution, une forme de réparation », Sonia Verstappen, Certificat universitaire – Santé mentale en contexte social : Multiculturalité et Précarité, 2007.

« Le stigmate qui frappe la prostituée atteste le sacrilège que constitue l'amour vénal,
en tant que vente du corps et commerce
de ce qu'il recèle de plus sacré. »[1]

(Pierre Bourdieu)

1. « Le corps et le sacré, le commerce des corps », Pierre Bourdieu, Éditions Seuil, 1994.

27.

Les dessous du Saint-Siège

De la censure morale à la censure religieuse, il n'y a qu'un pas, Rubicon que peu se hasardent à franchir. Les divorcés ne peuvent se remarier à l'Église, comme ils ne peuvent entrer en religion. Obligés à la continence, la communion exclusivement spirituelle est imposée aux appelés dès les vœux de chasteté prononcés. Non-sens historique : selon certaines thèses, Jésus, le fils de Dieu, aurait été marié à Marie-Madeleine[1], prostituée et pécheresse par excellence, qui lui aurait même donné deux fils.

«*Annus Horribilis*», depuis le début des années 60, malgré ses préceptes virginaux, l'Église catholique doit faire face à de nombreux scandales sexuels et pédophiles. Orgies hétéros et homosexuelles, abus sexuels sur des religieuses, avortements forcés, chèques du Saint-Siège pour acheter le silence des mères élevant des enfants de prêtres, en 2010, Carmelo Abbate crée un véritable séisme dans la péninsule italienne en publiant « *Sexe au Vatican* »[2]. Après une infiltration de plusieurs mois, le rédacteur en chef du journal d'investigation «*Panorama*» lève le voile sur les mœurs légères de l'Église.

1. « The Lost Gospel » (L'Évangile perdu), Barrie Wilson et Simcha Jacobovic, Éditions Pegasus, 2014. Selon les deux auteurs, un manuscrit de plus de 1500 pages, datant de 570 après JC qu'ils ont traduit, permet d'affirmer non seulement que Jésus a eu deux enfants avec Marie-Madeleine, mais qu'il était aussi marié avec elle.

2. «Sexe au Vatican», Carmelo Abbate, Éditions Michel Lafon, 2011.

Sus au « religieusement correct », malgré ses préceptes, le pieu n'est pas épargné par la marchandisation des corps. Muni d'une caméra cachée, le journaliste s'est glissé incognito dans les clubs et saunas privés romains. Prêtres en soutane le jour, ils sont parfaitement intégrés dans les cercles gays de la capitale la nuit. Des escorts boys exposent, à noms et visages découverts, leurs relations homosexuelles régulières avec ces hommes d'Église. Aurelio Mancuso, leader notoire de la communauté italienne *LGBT* raconte : « *[...] C'est arrivé la première fois, il y a quinze ans. Il était monseigneur. Et puis, il y en a eu d'autres et je ne savais pas toujours à la première rencontre qu'ils étaient des religieux [...]* ».

Carmelo Abbate en a fait lui-même l'expérience : « *[...] Un vendredi soir de juillet, aux alentours de 21 heures. Dans un restaurant de la banlieue de Rome, deux strip-teaseuses se déchaînent sur la piste. Un homme en jean avec une chemise rose entre dans la pièce. Il est arrivé de France à l'aéroport de Fiumicino quelques jours plus tôt. Les deux danseuses s'emparent de lui et lui accordent un show très rapproché, caresses et baisers à la clé. Cet homme est un prêtre. La veille, il célébrait la messe à la basilique Saint-Pierre du Vatican. C'est la première soirée à laquelle je suis invité. Il y en aura d'autres, en ce compris, dans des lieux privés [...]* »

L'enquête-choc du journaliste élargit le spectre et propose une analyse sur les relations complexes et conflictuelles que les dignitaires catholiques entretiennent avec leur sexualité. L'occasion d'embrasser également les questions posées par le célibat des prêtres : « *Les pères de nos enfants sont des hommes d'Église. Nous les aimons et ils nous aiment. Vivre dans l'ombre et dans la honte nous est difficile* », avouent vingt-six compagnes de prêtres dans une lettre ouverte adressée, en mai 2014, au pape François et publiée sur le site *Vatican Insider*. En France de nombreuses femmes, maîtresses d'abbés ou épouses d'ex-curés se soutiennent au sein de « *Plein Jour* », une association qui lutte pour l'abolition du célibat des prêtres.

Dans cette même logique, loin d'être un anticlérical, Carmelo Abbate entend dénoncer non pas les personnes, mais, avant tout, la culture du secret qui règne au sein de l'Église : « *[...] Je pense que cette culture est néfaste. Ne pas assumer que les religieux sont des hommes et des femmes comme les autres, animés par des pulsions, qui peuvent être aussi malsaines et compulsives, est un vrai déni de réalité. Le sexe est omniprésent dans l'Église et le silence est souverain. Dès l'entrée au séminaire, la mortification sexuelle est hypocrisie. Quand ces jeunes prêtres arrivent ensuite pour exercer dans leur paroisse, ils ne savent pas gérer leurs émotions. Une fois la messe dominicale dite, porte fermée, ils boivent, se droguent, surfent sur le Net et rencontrent* »[1].

Le Vatican contestera officiellement l'existence de cet entourage pas très catholique. Étonnamment, fin juin 2017, le secrétaire du conseiller personnel du pape François, dont l'identité ne sera pas révélée, est arrêté par la police italienne, sollicitée pour tapage nocturne, en pleine orgie sexuelle et usage de stupéfiants dans un appartement de l'ancien palais de la Congrégation pour la Doctrine de la Foi. Une dizaine d'hommes en tenue d'Adam sont interpellés. Le Saint-Père se dira par voie de presse « très embarrassé », même si fondamentalement, il ne pense pas différemment de ses prédécesseurs : « *Le féminin se confond avec le maternel et le masculin avec l'exercice de l'autorité* »[2]. Quant aux religieuses, il leur avait clairement réitéré, en 2014, lors d'un conclave sur la famille, le sexe et les femmes : « *Considérez-vous*

1. « Sesso selvaggio nella Chiesa : Carmelo Abbate vuota il sacco », 7 octobre 2015, https://www.youtube.com/watch?v=U_HML2iEoXc.

2. « Celibato ecclesiastico », Marinella Perroni, Théologienne romaine.

comme des mères et non comme des vieilles filles». Raison pour laquelle sans doute, Sœur Roxana Rodriguez (31 ans), qui résidait dans un couvent de Rieti, près de Rome, accouchera d'un petit garçon, le 15 janvier 2014, après avoir été hospitalisée pensant souffrir de douleurs abdominales.

La sexualité dans l'Église peut-elle être saine et sainte ? C'est le défi que s'est lancé Marie-Paul Ross, sœur de l'Immaculée Conception, en Amérique latine d'abord et au Québec ensuite où elle a obtenu son diplôme de sexologue. Elle donne aujourd'hui des formations pour atteindre « le calme érotique ». Dans son livre «*Je voudrais vous parler d'amour... et de sexe*»[1], la religieuse n'hésite pas à affirmer qu'environ 80 % des religieux qu'elle a croisés ont commis des écarts à leur vœu de célibat, ce qui l'a mise au banc des accusés de sa communauté : « *[...] Parce que je parle de sexualité, le monde religieux pense que je les éloigne de leur vocation. Mais c'est le contraire. Tu es un être sexué, si tu ne connais pas ton système sexuel, tu ne pourras pas faire un choix de célibat ou de vie de couple en harmonie et en fidélité. Ils m'ont ridiculisée, ils ont dit que j'avais des problèmes sexuels. C'est comme si j'étais devenue une religieuse prostituée. Pour eux, le concept de sexologue, c'est quelqu'un qui pratique le «full sex», ça a pris du temps pour qu'ils considèrent la sexologie comme une science. [...] J'ai essayé d'enseigner aux religieux et religieuses le célibat, ça a été l'expérience la plus difficile. Ils ne veulent pas entendre la réalité, ils ne veulent pas entendre quand je parle d'exemples de religieux pris dans des relations amoureuses et des aventures sexuelles. Comme ils sont religieux, il faudrait que je leur parle juste du Bon Dieu [...]*»[2].

---

1. «Je voudrais vous parler d'amour... Et de sexe», Marie-Paul Ross, Éditions Michel Laffon, 2011.

2. Interview de Elsa Ferreira sur www.tempsreel.nouvelobs.com.

Si d'aucuns espèrent convaincre leur Dieu, d'autres font commerce du sexe et les sex-toys religieux cartonnent sur le marché. « *Les personnes religieuses font l'amour comme tout le monde. Alors pourquoi ne pourraient-elles pas avoir accès à des jouets sexuels qui rendraient leur vie plus satisfaisante ?* » Ces mots sortiront de la bouche du docteur David Ribner, rabbin et sexologue basé en Israël, consultant pour le site de sex-toys casher « *Kosher Sex Toys* ». Auteur du « *Guide de l'intimité physique pour jeunes mariés* »[1], l'homme estime que de bonnes relations sexuelles peuvent renforcer le mariage. Du coup, sous-tendue par d'autres promoteurs religieux, l'industrie pieuse des jouets sexuels se développe. Sur ces plateformes, somme toute quelque peu pudibondes, il y manque juste quelques détails classés X remplacés par des termes plus édulcorés. Autre barrière : pas de préservatifs, il faut « procréer » et pas de jouets destinés au sexe anal.

En 2013, le premier sex-shop 100 % halal en ligne ouvrira également ses portes au départ de la Turquie. Le site propose cette fois des produits conformes à la religion musulmane.

Comme quoi, entre épouses « bienséantes » et religieux « abstinents », malgré une cohabitation interdite, sexe et religion peuvent néanmoins faire bon ménage lorsque le dénominateur commun reste la rentabilité économique…

1. « The Newlywed Guide to Physical Intimacy », Jennie Rosenfeld & David Ribner, Éditions Green Publishing House, 2011.

« La religion est une partie du sexe de la femme. »

(Edmond et Jules de Goncourt)

28.

Abolir ou légaliser ?

Toute connotation bannie, si elle a partiellement disparu des trottoirs, les trottoirs du Net se sont remplis. Caméléon millénaire, la prostitution est, par essence, transhistorique. Pour pouvoir ouvrir sereinement le débat, la morale, l'éthique et la religion doivent être dissociées du droit. Libertins ou rétrogrades, il convient de dépasser le clivage. La question n'est plus « Pourquoi la prostitution ? », mais : « Quel statut juridique une société démocratique entend-elle donner aux travailleuses et travailleurs du sexe ? »

Commerce du sang, banques de sperme, don d'organes, gestation pour autrui, des lois ont légalisé la vente ou la location par un individu d'une partie de son corps. Pierre d'achoppement, la prostituée qui exerce une activité avec son corps ne reçoit aucun cadre légal, simplement parce que les parties du corps engagées dans l'activité prostitutionnelle sont des parties sexualisées. Quelle que soit la forme de marchandisation des corps qu'une certaine éthique veut nous faire accepter, cette réflexion, qui conduit à évacuer les thèses abolitionnistes, permettrait également de lutter contre la fraude et le travail au noir d'une gigantesque économie parallèle, tout en canalisant, par une sortie de l'ombre, une inacceptable traite des êtres humains.

Son prénom semble tout droit sorti d'un roman de Pierre de Ronsard. Écrivain, peintre et prostituée, Grisélidis Réal,

« La putain majestueuse », revendiquait, déjà dans les années 70, la liberté de se prostituer. Mariée à 20 ans, maman à 23 ans, cette courtisane libertaire d'origine suisse deviendra l'une des figures de proue parisiennes de la révolution des prostituées. Décédée en 2005, le documentaire « *Belle de nuit* »[1] lui rend hommage. Consciente de la nécessité de la prostitution, sans pour autant fermer les yeux sur son caractère parfois sordide et destructeur pour celles qui la pratiquent, elle écrit en 1977, dans un texte intitulé « *Se prostituer est un acte révolutionnaire* » : « [...] *Que tous les hommes qui viennent à nous, [...] ceux que nous sauvons du suicide et de la solitude, ceux qui retrouvent dans nos bras et dans nos vagins l'élan vital dont on les frustre ailleurs, ceux qui repartent, les couilles légères et le soleil au cœur, cessent de nous emmerder, de nous juger, de nous renier, de nous taxer, de nous matraquer, de nous enfermer et de nous prendre nos gosses pour les mettre à l'Assistance publique* [...] ».

Subversive, avec un verbe habité, Grisélidis Réal combattra ces intégristes de la morale qui dénoncent une pratique alors qu'ils la consomment. Une réalité qui n'a ostensiblement pas changé. Selon une étude réalisée en 2004, pour le Mouvement du Nid, une association française d'aide aux prostituées, il apparaît que toutes les professions sont représentées parmi les clients, avec une surreprésentation des cadres, employés supérieurs, chefs d'entreprises et commerçants. Cette cartographie du consommateur révèle, en outre, que plus de 50 % des clients sont des pères et 30 % sont mariés ou en couple. Constat complémentaire édifiant, dans leur « *Enquête sur la sexualité* » publiée en 2008, les sociologues Michel Bozon et Nathalie Bajos valident qu'après 50 ans, plus d'un homme sur quatre a eu au moins un rapport sexuel payant dans sa vie.

1. « Belle de nuit », réalisé par Marie-Ève de Grave, 2017.

Grisélidis Réal se plaisait ainsi à rappeler une incohérence: « *Si une femme a plusieurs partenaires, c'est une femme libérée. C'est donc bien le caractère vénal de la relation qui dérange dans le cas de la prostitution et non la multiplicité des partenaires. Les prostituées se trouvent au fond de la poubelle sociale et en même temps, on a tellement besoin d'elles.* »

Citoyennes, mais mises au ban, ces intermittentes du spectacle réclament, à corps et à cris, un statut. Numéro de TVA, sécurité sociale, déclaration fiscale, droit à une retraite, comment cotiser pour un métier qui n'existe pas? Sur sa feuille d'impôt, Sonia Verstappen a bien essayé de marquer « prostituée » dans la case profession, mais à chaque fois, le document lui était renvoyé. « *Au début, j'étais hôtesse, puis strip-teaseuse et sexologue. Il y en a qui sont ouvrières agricoles, d'autres toiletteuses pour chiens, on peut mettre n'importe quoi!* » Des anecdotes comme celles-là, Sonia en a des centaines à raconter. Sans oublier les vétéranes, celles qui, malgré l'âge avancé, ne peuvent arrêter d'exercer. On en parle peu. Ce n'est, à l'évidence, pas très glamour. Les péripatéticiennes de plus de 60 ans, cela existe. Rareté du client, pauvreté, ces femmes finissent par accepter de travailler sans protection. « *J'ai un pied dans la tombe et alors? Qu'est-ce que j'en ai à foutre!* »[1]

Depuis 1999, les filles de joie ont, à tout le moins un syndicat, le STRASS[2]. Un fil conducteur: déconstruire les stéréotypes qui véhiculent que l'existence des prostituées est un « mal sociétal nécessaire ». Un combat militant: lutter contre la stigmatisation et la discrimination. Le STRASS représente, bien évidemment,

1. « Les prostituées de plus de 60 ans, cela existe », Lucie Crisa, L'Obs avec Rue 89, 2010.

2. Le syndicat du travail sexuel a été créé par des travailleuses du sexe lors des Assises européennes de la prostitution qui se sont tenues, en 1999, à Paris.

une frange de celles et ceux qui officient en « libérales » et qui ne sont pas sous la coupe d'un mac ou d'un réseau.

En 2005, Amnesty International se positionnera également pour la légalisation de la prostitution et la dépénalisation du travail du sexe si les services sexuels sont fournis de commun accord, considérant que « *la dépénalisation de ce type de travail est le meilleur moyen de défendre les employés de l'industrie du sexe.* »[1]

---

1. Résolution d'Amnesty International adoptée à Dublin, Assemblée internationale d'Amnesty qui s'est tenue du 7 au 11 août 2015.

« Nul n'est plus esclave que celui qui croit à tort être libre. »

(Goethe)

29.

Le cul entre deux chaises, c'est le leur !

À l'évidence impasse pour la passe, le phénomène de la prostitution se devrait d'être abordé sous un angle juridico-politique éclairé par les néons d'une réalité de terrain. Qu'elles soient victimes contraintes ou professionnelles volontaires, premières concernées par l'inconfort d'avoir le cul entre deux chaises, les prostituées doivent avoir droit au chapitre dans ce débat.

En octobre 2016, six mois après que le parlement français ait définitivement adopté la loi de pénalisation des clients des travailleurs(euses) du sexe, un article de l'AFP lève le voile sur les effets concrets du texte.

Intitulé « *Au bois de Boulogne, la désertion du chaland, l'avènement des violents* » [1], il démontre que bien loin d'avoir protégé et aidé les prostitué(e)s, la loi a, au contraire, directement mis en difficulté ceux et celles parmi eux qui étaient déjà dans les situations les plus précaires. Comme il n'y a plus de clients honnêtes, apeurés par les sanctions éventuelles, ceux qui restent n'ont rien à perdre et demandent des prestations extrêmes. Les filles, quant à elles, qui voient leur capacité de négociation économique réduite et qui ont besoin de survivre, acceptent des prestations à risque pour dix euros, cinq parfois, un véritable ticket pour le danger. Des risques pointés, bien avant le vote de la loi, par les associations

1. « Au bois de Boulogne, la désertion du chaland, l'avènement des violents », 4 octobre 2016, Paris (AFP).

actives dans les rues. Le législateur n'a pas voulu entendre. Option « cache-misère », le politique, dans son idéologie « paternaliste », a préféré l'émotion et la répression à l'écoute.

« *[…] Il est temps de dépasser le cadre strict des prises de position à l'emporte-pièce […] On ne maîtrisera pas les tenants et aboutissants de ces enjeux à la manière d'une campagne électorale déclinée sur l'axe gauche-droite et avec pour ambition de résoudre une question quasi philosophique par le biais de mesures de rigueur. […] Qu'on le veuille ou non, la prostitution existe et existera sans doute encore longtemps. D'accord ou pas, elle ne se satisfera pas de réponses partisanes visant tantôt son éradication pour certains, tantôt la protection du métier qu'elle évoque pour d'autres. […] Il en existera toujours, des personnes, pour clamer qu'elles aiment ce qu'elles font, que d'autres n'ont pas eu le choix. […] La question est davantage de savoir comment on parviendra à trouver le plus petit dénominateur commun qui prendra en compte un maximum de revendications (légitimes ou non) et droits et devoirs de celles et ceux qui, de près ou de loin, sont concernés, c'est-à-dire des personnes prostituées elles-mêmes, mais aussi, de leurs parents désemparés ou simplement désireux de comprendre, de leurs enfants, des commerçants, des habitants – las de subir ce qui déstabilise leur conception de la quiétude ou de la bienséance, ou au contraire traduisant leur idée de ce que pourrait être le contrôle social. Ou encore, de manière générale et sans doute plus floue, de certains de ses bénéficiaires […] Il existe des personnes prostituées certes, mais qui sont avant tout citoyen(ne)s à part entière devant, avant tout, être considérées comme tel(s), avant d'être examinées à la loupe d'un système à… réglementer ou abolir.* »[1]

1. « La prostitution : réglementer ou abolir ? », Christine Lemmens, Directrice de l'asbl Entre2 Bruxelles, dans La Chronique de La Ligue des Droits de L'Homme, Décembre 2013, N°154.

30.

No Sex in the City

Si l'ère est à la consommation sexuelle, consentie, minuscule, socialement ignorée, l'empire des « Sans » existe. Désir singulier, l'abstinence pour les « *No sex* »[1] est un choix et le désintérêt pour la chose devient mouvement de fond : réclamer le droit de « refuser l'austère monarchie du sexe »[2]. Au rebours du prêchi-prêcha libertaire, perçus comme des extra-terrestres, ils assument leur rébellion : ne pas céder à l'ostracisation du plaisir.

En 2011, troublante confession, Sophie Fontanel, journaliste et blogueuse assumera publiquement sa non-envie, prise de liberté insolente : « *Pendant une longue période, qu'au fond je n'ai à cœur ni de situer dans le temps ni d'estimer ici en nombre d'années, j'ai vécu dans peut-être la pire insubordination de notre époque, qui est l'absence de vie sexuelle. Encore faudrait-il que ce terme soit le bon, si l'on considère qu'une part colossale de sensualité a accompagné ces années, où seuls les rêves ont comblé mes attentes* »[3]. Cette trêve sexuelle, la quinquagénaire la vivra pleinement. L'état de rien lui fut même salutaire. Sans sexe, tant de choses lui sont redevenues sensuelles.

---

1. Les « No sex » revendiquent l'absence de désirs sexuels et le choix de ne pas avoir de rapports sexuels. L'absence d'attirance pour une autre personne concernerait 1 % de la population mondiale.

2. « Histoire de la Sexualité – La volonté de savoir », Michel Foucault, Éditions Gallimard, 1994.

3. « L'Envie », Sophie Fontanel, Éditions Robert Laffont, 2011.

Né en 2001 aux États-Unis à l'initiative de l'activiste asexuel David Jay[1], le phénomène « non libidoïste » serait en hausse chez les trentenaires. Marc (33 ans) est en couple depuis trois ans. « *Dès mes toutes premières expériences amoureuses, j'ai toujours trouvé le désir sexuel très égoïste, calibré sur la longueur du sexe, la puissance de la jouissance, la durée, l'acte ou sa fréquence. À 18 ans, mes potes se vantaient d'avoir mis en pratique ce qu'ils avaient vu dans un porno et débordaient de détails sur leurs prouesses. Moi, j'écoutais, sans frustration. Je rêvais de partages altruistes et de sensualité et tous ces déballages écœurants banalisant le sexe me dégoûtaient. Au fil des années, un fossé d'incompréhensions s'est creusé entre nous, mais je me refusais à faire l'amour juste pour être comme eux, dans la norme. Et puis un jour, ce fut la révélation. J'ai découvert un article sur l'asexualité et ma souffrance s'est arrêtée net. Il existait d'autres personnes comme moi. Je n'étais pas un ovni.* » Marc va alors s'inscrire dans un groupe de parole et il va rencontrer Anaïs, « *no sex* », elle aussi. Ils vont rapidement tomber amoureux et s'installeront ensemble quelques mois plus tard. « *Techniquement, nos corps fonctionnent normalement. Ils peuvent ressentir de l'excitation sexuelle. Mais, sans désir, le plaisir est compliqué. Nous n'avons pas de besoins. On ne se force donc pas. Il y a des gens qui font l'amour sans sentiments, pourquoi ne pourrions-nous pas nous aimer sans sexe ?* »

On ne tue pas spontanément le besoin de sexe. Pourquoi prennent-ils leur libido à leur cou ? Et leur désir est-il vraiment absent ? Pour l'essayiste Jean-Philippe de Tonnac, « *l'abstinence est la faim d'autre chose. Ces expériences singulières nous invitent à méditer sur la place du plaisir dans nos existences, au-delà de la réclame qui en est faite. L'asexualité est une réaction défensive face au terrorisme du tout sexuel et à la frénésie tous azimuts […], une réaction identitaire dont l'extrémisme est à la mesure de l'incitation à consommer.* »[2]

---

1. www.asexuality.org

2. « La révolution asexuelle », Jean-Philippe de Tonnac, Éditions Albin Michel, 2006.

Phéromones humaines ? Chants d'amour ? L'accès au plaisir est affaire émotionnellement complexe. Perceptions sensorielles, odeurs, toucher, alchimie des corps, il ne suffit pas que deux personnes s'unissent pour qu'elles atteignent l'extase à la Rocco Siffredi. « *Ce qui caractérise notre époque, c'est ce fossé abyssal entre l'érotisme torride ou acrobatique montré par les médias et les rapports souvent ennuyeux vécus par la plupart des gens. Brassens chantait «Quatre-vingt-quinze fois sur cent, la femme s'emmerde en baisant». Mais la plupart des hommes n'y trouvent pas leur compte non plus. Le grand acquis de la révolution sexuelle est peut-être que la femme n'est plus la seule à simuler. [...] Au fond, ce qui caractérise ces renoncements, n'est-ce pas le sens de l'absolu, un refus de ce qui va peut-être décevoir et une attente toujours du sublime [...]* »[1]

1. « L'abstinence est la faim d'autre chose », interview de Jean-Philippe de Tonnac accordée au magazine Psychologie, juillet 2009.

« L'abstinence est comme un nuage gris sur l'horizon censément radieux de la société de consommation sexuelle. »

(David Fontaine)

Épilogue

Vécu certes individuellement dans un parcours intime, le désenchantement amoureux recèle à l'évidence aussi des causes sociétales. La modernité, l'évolution des rapports entre et les hommes et les femmes et l'émergence d'un nouveau marché de l'amour n'y sont pas étrangers. Avec l'essor du digital et la dématérialisation des rapports sociaux, les sentiments n'ont plus place centrale dans la vie contemporaine. La sexualité a muté et les codes ont changé. Sex-zapping, culture Youporn, érotisme normcore, les tabous ont sauté. De la publicité aux rayons des supermarchés, la projection de nos fantasmes est omniprésente. Le langage est décomplexé, le hard est vidé de sa dangerosité et l'intime n'est plus indicible secret. Sites de rencontres et appli de géolocalisation, n'importe où, n'importe quand, avec n'importe qui, le désir est dans la poche en mode iPhone et le besoin se recharge sur secteur.

Quel glas sonne cette décontraction apparente ? Sous prétexte de liberté, incapacité à choisir, refus de s'engager, expériences sexuelles extrêmes, le rejet du « Moi » et l'oubli de « Soi » se sont insinués dans la vie sentimentale. La quête de jouissance est devenue souffrance. « *Dans l'Europe précapitaliste, les hommes et les femmes se rencontraient dans un univers où [...] il y avait des codes partagés de la rencontre et de l'engagement amoureux. Faire la cour à une femme se faisait selon des rituels assez clairs. Ce protocole avait pour effet de structurer la vie émotionnelle, de réguler les émotions. [...] Désormais, la relation amoureuse est définie par l'incertitude et par le sentiment du risque. On ne sait pas ce que l'on ressent, on ne sait pas ce que l'autre ressent et, plus intéressant encore, on ne sait pas quels vont être les signes de l'amour et de l'engagement, pour soi et pour l'autre. [...] La liberté sexuelle est similaire à la liberté économique : elle organise, encadre et légitimise les inégalités*».[1]

Comment dans ce monde immatériel, faire face aux raccourcis-clavier détrônant le romantisme et rendre ses lettres de noblesse à la séduction, exquise cruauté ? Il n'y a pas de tutoriel en amour. Peut-être en reprenant possession de son postérieur et en pratiquant le «*Slow Desire*». Ne pas se «*Mariés au premier regard*»[2] sur base de l'avis d'experts télévisuels. Se découvrir compatibles, développer ses sentiments. Se sentir précieux, savoir dire «*Non, pas tout de suite*». Faire monter le désir est aussi une forme d'érotisme...

1. «Pourquoi l'amour fait mal», Eva Illouz, Éditions Seuil, 2012 – Interview réalisée par Élodie Maurot pour La Croix. - Eva Illouz est sociologue des émotions et de la culture. Elle est professeur à l'Université hébraïque de Jérusalem (Israël). Ses travaux s'intéressent à la façon dont le capitalisme crée de la marchandisation, y compris dans le domaine privé et émotionnel, mais aussi de nouvelles normes sociales et morales.

2. «Mariés au premier regard» est une émission de téléréalité française fondée sur une série danoise appelée «Gift Ved Første Blik» et dérivée de son homologue américain «Married at First Sight». Le premier épisode est diffusé le 7 novembre 2016 sur M6. Le concept : proposer aux candidats, qui ne se connaissent pas, un shopping nuptial dont l'issue à laquelle ils s'engagent est un mariage devant monsieur le maire au premier regard.

« La sélection sexuelle dépend de l'ardeur, du courage,
de la rivalité des mâles,
Autant que du discernement,
du goût et de la volonté de la femelle. »

(Charles Darwin)

Postface

Je remercie vivement, tout d'abord, Alessandra d'Angelo de m'avoir donné l'honneur de rédiger la postface de cet ouvrage indispensable à la compréhension de notre environnement sexo-consumériste contemporain.

Dégoût et honte

Lorsque j'eus terminé la dernière ligne de son écrit, le dégoût m'avait envahi. Le dégoût de cette compilation d'aliénation consentie ou non du corps, celui de la femme en particulier. Aliénation au profit d'un matérialisme financier, aliénation au profit sexuel d'un client ou pécuniaire, si pas simplement narcissique, du sujet. J'ai ressenti à tort ou à raison également la honte d'être un homme, appartenant à l'« espèce » des dominants, détentrice des moyens de subsistance et utilisant ceux-ci pour combler sa satisfaction au mépris de la personne.

Exagération ?

Je me suis dit aussi «*Mais non, l'auteure exagère*», mais il m'a suffi de relire mes notes prises lors des 10es Assises de sexologie de 2017 pour me convaincre du contraire. Lors de celles-ci, le docteur Thierry Troussier rappelait une enquête virage[1] qui révèle qu'en France, 62 000 femmes sont victimes de viols ou de tentatives de viol par an. Autres chiffres : 553 000 femmes et 185 000 hommes sont victimes d'au moins une agression sexuelle autre que le viol. Au cours d'une vie, une femme sur

1. Christelle Hamel, Alice Debauche, Elizabeth Brown, et al «Viols et agressions sexuelles en France : premiers résultats de l'enquête Virage», Population et Sociétés, n° 538, novembre 2016, www.ined.fr.

sept et un homme sur vingt-cinq déclarent avoir subi au moins une forme d'agression sexuelle. La violence sexuelle est physique, psychologique (harcèlement, contrainte, intimidation) et sociale (discrimination par rapport à l'orientation sexuelle et au genre).

Et cela ne date pas d'hier : début 1900, par exemple, la cautérisation au fer rouge était réputée donner des résultats satisfaisants pour la masturbation compulsive ou encore, évoquons la nuit de noces, souvent un viol pour bon nombre de femmes. Plus près de nous, début des années 60, la pédophilie culturelle, que d'aucuns promouvaient, n'a fort heureusement pas fait beaucoup d'émules.

Toute cette violence, comme ces « anciennes coutumes » ont pour point commun la négation du corps de l'autre en tant que valeur fondamentale.

Valeur fondamentale

René Guyon, dans ses « *Études d'éthique sexuelle* »[1], disait déjà qu'il appartient à chacun d'exercer librement la jouissance sexuelle selon ses préférences personnelles, dès lors qu'il ne commet aucune violence. J'adhère tout à fait à cette valeur, mainte fois répétée et écrite par la suite. Non seulement pour des questions éthiques et juridiques, mais également au regard de ce qui constitue la bonne santé sexuelle.

Santé sexuelle

Les victimes de violences sexuelles, quelle qu'en soit la forme, peuvent souffrir de problèmes sexuels et de rejet subséquent. Les soins ne guérissent pas toujours et cette violence sexuelle peut devenir transgénérationnelle. La sexologie – et les sexothérapies – est très féconde pour penser la sexualité, pour questionner la prise en charge des victimes et des auteurs.

---

1. « Études d'éthique sexuelle », René Guyon, 1929-1938.

EVRAS

L'Éducation à la Vie Relationnelle, Affective et Sexuelle (EVRAS), préconisée par l'OMS (Organisation mondiale de la Santé)[1], est un processus éducatif qui implique notamment une réflexion en vue d'accroître les aptitudes des jeunes à opérer des choix éclairés, favorisant l'épanouissement de leur vie relationnelle, affective et sexuelle et le respect de soi et des autres. Il s'agit d'accompagner chaque jeune vers l'âge adulte selon une approche globale dans laquelle la sexualité est entendue au sens large et inclut notamment les dimensions relationnelle, affective, sociale, culturelle, philosophique et éthique.

Selon diverse enquêtes, les lieux d'information sur la sexualité sont, dans l'ordre décroissant d'importance : l'école, puis les amis, ensuite les parents (un jeune sur deux), les professionnels de la santé et finalement, Internet.

Internet

Les jeunes disent recevoir par Internet de l'information non souhaitée en ce qui concerne la pornographie et la violence sous toutes ses formes. L'âge du premier visionnage de film X est descendu à 11 ans.[2] La plupart des jeunes ne sont pas dupes

---

1. L'EVRAS comprend : la santé sexuelle, l'éducation à la sexualité - adaptée à l'âge, culturellement pertinente et fondée sur une information scientifiquement précise, réaliste et s'abstenant de jugements de valeur – l'éducation à la santé, l'éducation à la vie affective et relationnelle. Cette éducation comporte plusieurs dimensions : une dimension biologique, une dimension sociale et une dimension psychologique afin d'accroître les aptitudes des jeunes à opérer des choix éclairés favorisant leur épanouissement jusqu'à l'âge adulte - Sources : 1-OMS (www.who.int ; 2-UNESCO, 2010.)

2. Puglia, R., Glowacz, F. « Consommation de pornographie à l'adolescence : quelles représentations de la sexualité et de la pornographie, pour quelle sexualité ? » Neuropsychiatrie de l'Enfance et de l'Adolescence, Elsevier, Vol 63/4, pp. 231-237, 06/2015.

ni influencés dans leur morale traditionnelle. Ils aspirent, dans leurs relations sexuelles, au respect, à la confiance et à l'amour. L'âge moyen du premier rapport est de 17 ans et reste sensiblement le même depuis des années. Si la dépossession du corps, surtout féminin, pour la jouissance de l'homme est établie, il n'est heureusement pas le fait de la majorité.

Stéréotypes

L'une des variables qui annoncent le sexisme est le préjugé. Cela implique des interventions psychologiques visant à réduire celui-ci,[1] ce qui aidera à réduire le sexisme en général. L'EVRAS peut contribuer à déconstruire les préjugés et les stéréotypes générés, afin de permettre la possibilité à tout un chacun de vivre hors du carcan des rôles sexués, dont ceux sexuels.

Sexting primaire, sexting secondaire

20 % des 16 ans envoient, via messagerie instantanée et MMS, des photos érotiques et pornographiques ou des vidéos, seuls ou en couple, aux petits amis, amis ou inconnus. La pratique du sexting est liée à une sexualité influencée pour certains par la pornographie. Il est donc important de mettre en place une éducation au numérique[2].

Tous médias

Les clips hypersexués, les sites pornos amateurs, les youtubeurs, les téléréalités érotico-romantiques, les parents comme modèles hyper connectés favorisent cette culture du corps narcissique en action.

L'EVRAS peut ramener réflexion et modération dans cette mise en scène permanente et hyper sexualisée.

---

1. www.insoliscience.fr

2. www.pointdecontact.net

Sexe inégalitaire, qui perd, qui gagne ?

Ceux qui ont expérimenté la relation sexuelle, en la vivant à la fois sur le plan corporel, émotionnel, cognitif et relationnel peuvent témoigner de la profonde volupté qu'ils ont ressentie. Cette expérience est, sans en être l'exclusivité, vécue le plus souvent dans l'amour et dans un engagement « corps et âme » des partenaires, du moins dans ce moment-là. Cet engagement est corrélé à la représentation de Soi comme pouvant être aimé et à la représentation de l'Autre comme pouvant être aimé.
Je pose l'hypothèse que les différentes pratiques d'aliénation du corps décrites par l'auteure entament la qualité de ces représentations et nuisent *in fine* à l'épanouissement personnel et sexuel du sujet, qu'il soit le client ou le fournisseur, le jouisseur du corps de l'autre ou le bénéficiaire financier.
La classification des clients[1] des prostituées (souvent de jeunes cadres citadins[2]) en « isolés affectifs et sexuels », « compulsifs de la sexualité », « décalés de l'égalité », « allergiques à l'engagement », et surtout « acheteurs de marchandises » montre que la prostitution ne répond pas à une nécessité d'ordre social.
Quand la précarité pousse vers la vente de son corps, n'expose-t-elle pas la personne à bien des troubles sexuels, de la mésestime de soi à la souffrance relationnelle ? Le client lui-même n'entre-t-il pas dans la même tourmente ?
Il en va bien évidemment autrement de la vente de son corps librement consentie, hors situation de précarité et liée à une conception très ouverte de la sexualité quand il ne s'agit pas d'altruisme… Comme dans l'accompagnement érotique et sexuel des personnes en situation de handicap.

Pascal Coquiart
Sexologue, Psychologue, Thérapeute

---

1. « Enquête sur la sexualité en France », M. Bozon et N. Bajos, 2008.

2. « Les clients de la prostitution - l'enquête », C. Legardinier et S. Bouamama, Éditions Presses de la Renaissance, 2006.

État des lieux

Réglementer ou abolir, même les féministes se divisent sur la question. Sans vider le débat, les arguments[1] avancés par chacune des parties sont :

1. Les abolitionnistes : la prostitution est une atteinte aux droits humains

- La nature même de l'activité est critiquable ;
- Se prostituer revient à vendre une partie de son corps : le corps humain n'est pas une marchandise. La prostitution ne peut pas être considérée comme un travail normal ;
- Une personne ne peut jamais librement choisir de se prostituer. Ce sont toujours des considérations économiques, personnelles, culturelles, familiales ou sociales qui déterminent le consentement.

2. Les réglementaristes : la prostitution est une réalité sociale

- Ce sont uniquement les conditions dans lesquelles la prostitution est exercée qui font que cette activité peut être assimilée à une forme contemporaine d'esclavage.
- Ce n'est pas le corps humain qui est vendu, mais uniquement une prestation de services. La prostitution peut être considérée comme une forme de « travail » ;
- Une personne peut librement décider de se prostituer. Il faut différencier prostitution libre et prostitution forcée. Le droit de chacun à disposer de son corps doit prévaloir.

---

1. « La prostitution, un choix ? », Renato Pinto, Vivre Ensemble Éducation, 2014.

Une troisième voie – dite prohibitionniste – vise l'interdiction totale de la prostitution et donc, la pénalisation à la fois des proxénètes et des clients, mais aussi des prostituées.

Actuellement, aucun modèle ne s'impose au sein des vingt-huit pays membres de l'Union européenne. Alors que certains pays autorisent et réglementent complètement la prostitution, d'autres ont fait le choix de l'interdiction totale ou encore de la pénalisation des clients[1].

1. Le modèle allemand : autorisation et encadrement de l'État, incluant souvent la légalité des maisons closes, voire du proxénétisme. C'est le cas de l'Allemagne, de l'Autriche, de la Grèce, de la Lettonie, des Pays-Bas et de la Suisse. La profession de prostitué(e) est ici reconnue par la loi, donnant ainsi droit aux personnes qui l'exercent à une protection sociale.

2. Le modèle espagnol : prostitution légale, mais limitée, soit une autorisation de la prostitution, sans encadrement de l'État. Le racolage est interdit, mais pas les maisons closes. Au sein de l'Union européenne, dix-sept pays suivent ce schéma.

3. Le modèle suédois : pénalisation des clients, pas des prostitué(e)s. Ce modèle a également été mis en place par la Norvège, l'Irlande du Nord et la France. Ce système prend le contrepied des législations habituellement en vigueur, ce modèle dit « nordique » est néanmoins régulièrement critiqué par les associations et responsables politiques opposés à la pénalisation des clients. Ces derniers mettant en avant que travailler dans la clandestinité et donc dans des conditions encore plus déplorables et dangereuses, s'impose de fait aux prostitué(e)s afin de continuer à exercer leur activité.

---

1. www.touteleurope.eu

4. Le modèle de l'interdiction totale. Celui-ci existe dans quatre États membres : la Croatie, la Lituanie, Malte et la Roumanie. Ce choix n'est donc pas la norme en Europe, d'autant que ce dernier peut paraître paradoxal, voire hypocrite, notamment concernant un pays comme la Roumanie, considéré comme l'un des principaux pays pourvoyeurs de trafic d'êtres humains, notamment à des fins d'exploitation sexuelle.

***

Sans dresser un inventaire exhaustif de toutes les violences subies par les prostitué(e)s, il est important d'en rappeler les multiples formes[1] :

- Physiques, y compris sexuelles, perpétrées par les clients ou par les proxénètes ;
- Psychiques, entraînées notamment par des rapports répétitifs et non désirés ;
- Institutionnelles, par des lois stigmatisant les prostituées ou par l'absence de statut ;
- Policières, directement ou par la non-réception de plaintes ;
- Sociales, sous forme d'insultes et de préjugés, renforcés par l'image véhiculée par certains médias ;
- Absence de sécurité, d'hygiène et de protection.

---

1. « La prostitution est une violence faite aux femmes », Centre permanent pour la citoyenneté et la participation, P.Pape, Bruxelles, 2011.

Table des matières